身心·修行

顿悟

参悟生命的真谛
透视人生的意义

牧 原◎著

台海出版社

图书在版编目（CIP）数据

顿悟 / 牧原著. —北京：台海出版社，2018. 4（2023. 7 重印）

ISBN 978 - 7 - 5168 - 1798 - 8

Ⅰ. ①顿… Ⅱ. ①牧… Ⅲ. ①人生哲学 - 通俗读物
Ⅳ. ①B821 - 49

中国版本图书馆 CIP 数据核字(2018)第 053010 号

顿　悟

著　　者：牧　原

责任编辑：武　波　　　　装帧设计：天下书装
版式设计：天下书装　　　　责任印制：蔡　旭

出版发行：台海出版社
地　　址：北京市东城区景山东街 20 号　邮政编码：100009
电　　话：010 - 64041652(发行,邮购)
传　　真：010 - 84045799(总编室)
网　　址：www. taimeng. org. cn/thcbs/default. htm
E - mail：thcbs@126. com

经　　销：全国各地新华书店
印　　刷：廊坊市海涛印刷有限公司
本书如有破损、缺页、装订错误，请与本社联系调换

开　　本：880mm × 1230mm　　1/32
字　　数：170 千字　　　　印　　张：8. 5
版　　次：2018 年 4 月第 1 版　　印　　次：2023 年 7 月第 3 次印刷
书　　号：ISBN 978 - 7 - 5168 - 1798 - 8

定　　价：38. 00 元

前言

不顿悟，人生难免处处苦楚；悟到了，则是一片宁静之湖。如今这个社会实在太浮躁，每个人终日都在忙忙碌碌中蹉跎岁月，被心魔纠缠却毫不自知。夜深人静的时候迷茫，其实我们早已在尘世中迷路。

一件小事也没耐心做完，即使是对喜欢的人和事居然也会烦躁不安，忍不得一点委屈，受不得半丝寂寞，无论是忙还是闲，都是终日坐立不安，这是每一个现代都市人的缩影。生死之间不过是一趟旅行，重要的不是目的地，而是沿途的风景，不要再匆忙赶路了，因为前边除了坟墓什么也没有。

停下来，看看周围，仔细瞧瞧形形色色的人们，每个人的脸上都写满了疲惫，本是充满激情的年纪，一颗心却早已千疮百孔，本是一生中最美的绽放，如今却在仓促中早早失了颜色。面对早衰的身体，面对疲惫的精神，我们又该如何自我救赎？唯有停下匆忙的脚步，静静聆听生命的天籁。

一念一天堂，一念一地狱，不愿放下对金钱和权力的执着，又如何能得自在，登极乐？在这繁华都市的背后，两步三步就是天堂，却仍有那么多人，因心事过重而不愿意选择回头。悟不透注定心不静，想不开自然好日子难来。

没钱的时候，因欲望而烦恼；有钱的时候，因拥有而空虚……

没权的时候，因贪念而郁闷；有权的时候，因殚精竭虑而惴惴不安……

没爱的时候，因孤独而满心凄凉；有爱的时候，却忘记珍惜已拥有的……

没梦的时候，像行尸走肉般机械；有梦的时候，却因实现不了而日日苦恼……

没房的时候，恨不得不吃不喝也要买；有房的时候，却又被自我膨胀压弯了腰……

没车的时候，悲喜交加中抱怨交通；有车的时候，却在一次次攀比中败下阵来……

没家的时候，做梦都幻想着结婚；有家的时候，却在责任与诱惑中不断游离……

没工作的时候，整日在惶恐中度日；有工作的时候，却在心里暗暗咒骂着老板的黑心……

人有时候很奇怪，我们急于成长，又哀叹失去的童年；以健康换取金钱，不久后又用金钱恢复健康；活着时认为死离自己很远，临死前又仿佛未活够；明明对未来焦虑不已，却又无视眼下的幸福。人生在世，谁能不苦？唯有顿悟人生之苦，才能化苦为甜，活一世洒脱幸福。

人生虽苦，但苦有苦的味道，悟开了，苦也是甜；生活虽平淡，但淡也有淡的风采，平淡也是幸福。带着精神的枷锁，注定走不出心灵的囚室，背着过于沉重的包袱，注定游不过命运的大江大河。既然如此，为何还要苦苦执着，为何不肯坐下顿悟，立地欢喜？

光怪陆离的社会好比一个大酱缸，要想洁身自乐，唯有于喧闹中悟出一片宁静心湖，心若安好，生活便是灿烂阳光。世界如此之大，钱赚不完，书也读不尽，与其让这些身外之物把内心搅得天翻地覆，痛苦不堪，反倒不如学会顿悟，学会在喧嚣的尘世中修一颗平常心。

心不动，万物皆不动，心不变，万物皆不变。要想远离浮躁的生活，唯有悟出一片宁静心湖。如今的你，苦也罢，乐也罢，烦也好，痴也好，都不必再执着了，因为执念越深，苦痛也就越重。生活有穷富，但没有绝对的好坏，唯有一颗是否愿意解脱的心。只要我们愿意放下心魔，迎接我们的便是菩提赐予的快乐。

一天的忙碌过后，不妨停一停匆忙的脚步，坐下来，看看云卷云舒。生命是有灵性的，别让金钱禁锢了原本的快乐，欲海从来都是无边无际的，唯有开悟，才能及早回头上岸。人生虽苦，但苦才是人生，遭遇苦楚之时，不妨静静顿悟，悟出一片宁静心湖。心中了然无物，自然也就没了种种烦扰。

目录

MU LU

第一章　人最大的心魔是自己

第二章　灭却心头火，胜点佛前灯

第三章　苦才是人生

第四章　一念放下，万般自在

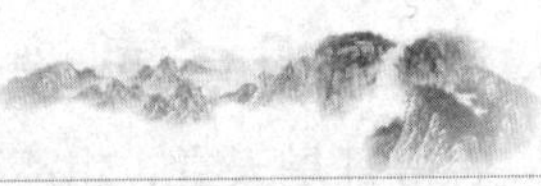

第五章　满足之乐乐无疆，多欲之苦苦难了

第六章　记住，你只能活一辈子

第七章　这个世界没有圆满

第八章　尽人事，听天命

第九章　打开心灵的枷锁，烦恼化菩提

第十章　心闲，就是最好的福气

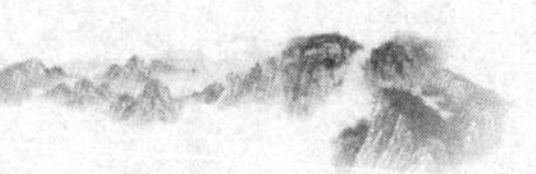

第一章

人最大的心魔是自己

每个人心中都住着一个魔鬼，它来无影，去无踪，却在不知不觉中腐蚀着人们的善心，诱惑着人们的贪心，制造着各种痛苦与烦恼。别再抱怨现状，也别再埋怨他人，人最大的心魔是自己，唯有降服心魔，战胜自己，才能活出自我。

1. 诸般烦恼，皆因“想不开”

生活中，我们总有太多的烦恼，太多的抱怨，太多的不满足。我们能掌握的事情其实非常少，但是我们可以灵活地掌握自己的心情和方向，换来柳暗花明。无论何时何地，我们都不要记住某个东西，同时也不要执着于这个东西，想不开的人只会在人生的路上受阻，我们为什么不试着放松心情，抱着“车到山前必有路”的心情，整个身心自然就通达了。

世间的事物，对就是对，错就是错，没有必要非得钻牛角尖，自寻烦恼。心宽是福，想不开就是苦。作家林清玄曾经说过：“想要开始不平凡的自性，唯有从平常的禅心入手。”把心放宽一点，人生应该少一点顾虑，多一点希望；少一句牢骚，多一点勇气；少一点憎恶，多一分热爱。

想开的人，处处是生机；想不开的人，处处是烦恼。一个心如明镜的人，镜前的万物都能看得清清楚楚；而一旦用心去思量、祈愿、攀缘，那么这面明镜就会蒙上尘土，就会看不见万物的形象。事实上，让你走出烦恼远离痛苦的方法只有一个：给心情放假，为自己寻一块供心灵休憩的驿站。

其实，身心不得安在，是人生烦恼的根源。真正的净土不在外界，而在我们心间。人的内心就像一颗明珠。如果能天天反观自照，天天能释放、清扫，我们的心灵就会绽放光明。对那些幸福、美好、快乐的往事要常常回忆，以便在心中泛起层层涟漪，激发人们去开拓未来；而对那些不愉快的事情、诸多的烦恼则尽量要从头脑中抹掉，切不可想不开，让阴影笼罩心头，而失去前进的动力。

王丽是上海的一位女孩，硕士学位，和男朋友已经谈了3年恋爱，如不发生意外的话，他们即将走进婚姻的殿堂。可就在这时候，男朋友居然和她提出分手，王丽一时想不通，她非常伤心。

此时此刻，王丽根本想不到她男朋友居然爱上了她最好的朋友李凤，可她们是怎么开始，感情又是怎么发展起来的？几天后在得知这一消息后，她怎么也想不通自己要好的朋友居然夺走她的心上人，她决定去找她的朋友问个清楚。

这天，正好周末，王丽一大早就来到李凤家。李凤也很热情地招待了她，寒暄了几句后，王丽终于抑制不住心中的怒火：“你为什么要抢我男朋友？你太小人了！”

“哈哈……”李凤笑道，“你以为你是谁？他早就不爱你了，难道你不知道爱情是自私的吗？”这时，李凤越说声音越大，“现在我和他好是我们的缘分，你和他已经成为过去，请你马上放弃吧，如你再纠缠他，我就对你不客气了。”

听完李凤的话后，王丽更加生气了：“本来是你的错误，怎么现在我成了第三者呢？”于是她控制不住自己的情绪，大声骂起来了，甚至还打了李凤一巴掌，甩门而去。

面对此种情况，王丽还是不肯放弃3年来的感情，她坚信她男朋友是爱她的，只是一时糊涂而已。于是她去苦苦哀求男朋友和李凤分手，回到她身边，而且也找了男朋友的家人。然而王丽所做的这一切都无济于事，朋友们都劝她放弃吧，不要为了男朋友让自己失去尊严。

可王丽这时什么都听不进去。她每天躲在男友家楼下，等着看男友一面，最后的一幕使她彻底崩溃了：她男友温柔地搂着李凤，为她遮雨，而男友从来没有这么温柔地对待过自己。回家后她割脉自杀，幸好，她妈妈及时发现了她，并把她送到了医院。她醒来以后，还是哭着闹着要自杀。

“小姑娘，有什么想不开呢？”当时住隔壁床的一个老奶奶说道，“其实人一辈子就那么几十年，没有什么是过不去的坎，做人何必这么执着呢？你看你妈妈，这几天她为你忙里忙外，整整两天没有合眼。”听到老奶奶的话后，王丽终于想开了，惊喜地叫了声：“我明白了！”然后向老奶奶深深鞠了一躬。

故事中的王丽因为失恋而自杀，放弃自己的生命，这不就是想不开吗？一如感情，痛过了，才会懂得如何保护自己；傻过了，才会懂得适时地坚持与放弃，在得到与失去中慢慢地认识自己。其实，感情是一份没有答案的问卷，苦苦的追寻并不能让生活更圆满。也许一点遗憾、一丝伤感，会让这份答卷更隽永，也更久远。

生活中，每个人都有七情六欲和喜怒哀乐，烦恼也是人之常情，是人人避免不了的。世上本无事，庸人自扰之。其实，人生的大多数烦恼都是自找的，自己给自己套上枷锁。本来就没有烦恼，或者说原本就不是烦恼，反而搞得自己疲惫不堪。我们应该学会解除这些束缚，给自己减压，从而让自己活得轻松、活得快乐。

其实，当我们心情糟糕的时候，不妨换个角度看问题、换个环境理清头绪，心境好了，自然能够顺风顺水，把事情处理得妥妥当当。人活得太较真是一种悲剧，生活中总是有一些人心胸不够开阔，一点点小事就足以让他们心烦意乱。很多时候，我们不妨睁一只眼闭一只眼做人。人非圣贤，孰能无过。与人相处就要经常以“难得糊涂”自勉，且左右逢源，诸事遂愿，才有福气。

2. 无事莫把闲话聊，是非往往闲话生

东家长李家短，日常生活中总会有一些喜欢嚼舌根子的八卦爱好者。喜欢说闲话的人往往爱搬弄是非，所以人们并不喜欢这类人，还专门给他们起了一个带有贬义色彩的称呼——“长舌妇”。喜欢说闲话的仅仅只有女人吗？事实上

并非如此，搬弄是非、喜欢逞口舌之快，这并非女人的专利。休闲娱乐的方式有很多种，不要把闲话当消遣，因为一不留神就会惹出是非。

古人常常告诫我们，祸从口出，一定要少说多听多做。“不可说”并不是不能说话，而是尽量少说话，不说“闲话”。

那么，什么才是闲话呢？一般说来，废话、谎话、脏话、坏话、空话、假话等都可以算作“闲话”。佛家常讲，一念一天堂，一念一地狱。说话又何尝不是如此？很有可能就是一句无关紧要的“闲话”，原来的好朋友就变成了仇敌；一切风平浪静，也许就是一句废话，掀起了难以平息的风波；一句坏话，毁掉了经营多年的真挚情谊；一句空话，让好不容易赢得的信任付诸东流；一句谎话，更是将高尚的人格拉入永远不能翻身的十八层地狱。

千万不要乱说话，世间最好的语言就是不说。当然这并不是要求我们时刻保持沉默，而是要积极地说好话，说赞美的话，说善良的话，说慈悲的话，说暖人心灵的话。良言一句三冬暖，恶语伤人六月寒。千万不可因为一时的口舌之快而恶语伤人。只有管好自己的嘴巴，才能远离纠纷与烦恼。

如果单纯地认为闲话终究是一句闲话而已，再怎样也不会惹出什么大麻烦，那么，你就大错特错了。有时候仅仅是因为一句无关紧要的闲话，很有可能会给自己带来意想不到的灾难。

瑞秋是一个普通美国公民，为了到加拿大探望自己的哥哥，她早早订好了机票。终于到了出发的日子，瑞秋拉着旅行箱来到机场的候机楼，然而左等右等，迟迟不能登机。来机场之前，瑞秋就打电话给远在加拿大的哥哥，并兴奋地告诉对方，自己准确抵达加拿大的时间，哥哥工作十分繁忙，但表示一定会去准时接机。

眼看着就要到登机时间了，广播中传来航班延误的通知，瑞秋只好继续等待，越是等待就越是着急，越着急越没有等待的耐心，在苦苦等待了两个小时后她实在是忍无可忍，听着周围乘客的牢骚声，她随口附和了一句“让飞机炸掉好了”。

就是这样一句闲话，却惹来了不小的麻烦，还没等登机，瑞秋就被联邦调查局拘捕了，罪名为恐吓，与此同时航空公司还以“虚报炸弹消息”为由提出控告。本来只不过是多等一会儿的事，一句无关紧要的闲话却造成了这样的结果。

在现实生活中，有不少喜欢说闲话的人，在绝大多数人看来，偶尔说说闲话并不是什么罪不可恕的事，正是人们对闲话这种不在意的态度，才使得闲话到处飞。殊不知，你的闲话可能伤害了朋友，可能得罪了邻居，还可能引起了大家的反感。社会舆论的运行机制十分奇特，一个人无心的话经过无数个人传播后往往会变得面目全非，而这些流言蜚语免不了会引起一系列不必要的误会和麻烦。

古人也常告诫我们“三人成虎”，不该说的不说，不该看的别看，不该听的别听，这才是真聪明。嘴上没有把门官，想说什么就说什么，久而久之免不了因为一些闲话得罪人，所以，与人相处交谈，一定要先思考再开口，以免祸从口出。

想和说也是有一定次序的，愚笨的人往往说过之后才会想，而聪明人则是想好之后再说。在与他人交往的过程中，我们一定要知道什么场合说什么话，什么话能说，什么话不能说，什么时候说话，什么时候沉默，只有这样才能避免因为闲话而引起不快。

闲话也分等级，其中最可怕的就是造谣诽谤。如果只是说些无意义的话，最多只会令人反感，可如果是造谣诬陷，那就是罪大恶极了，说不定对方还会以“诽谤诬陷”罪名起诉你。祸从口出，一定要管住自己的嘴，空闲无聊时千万不要聊闲话，更不要说坏话，冷饭冷菜好吃，冷言冷语则令人心寒。多说好话、实话、真话，只有这样才能赢得朋友们的真心相待。

3. 与其说是别人让你痛苦，不如说自己的修养不够

生活中总是会遇到失意与烦恼，公交车上的大声喧哗，朋友无端的误会，等来等去都不见踪影的客户，令人心烦意乱的家庭纠纷……不管我们身处何处，不管我们在社会和家

庭中扮演着什么样的角色，总是会遇到一些痛苦烦恼的事情。一般说来，人们往往认为带来烦恼和痛苦的是周围的人，然而实际上却并非如此，之所以痛苦、烦恼，其根源完全是因为自己。

世界上从来没有极乐天堂，情场失意、经济拮据、孤独寂寞、夫妻不和等都是人世间的疾苦，与其陷在这些是是非非当中痛苦，不如心平气和地告诉自己“没关系”，唯有面对自己的心微笑，唯有不断地提高自己的修养，才能从尘世中的苦痛中，体会到一丝安然的快乐。

人们常常把生活想象得美满、如意、幸福，然而这只是我们的一厢情愿而已，真实的生活从来都不是和和美美的，它有缺陷，有苦痛，有磕磕绊绊。然而世间的人们总是习惯把希望当成真实，希望家人身体安康，希望事业顺利，希望自己大富大贵……于是，当生活的希望被打破时，痛苦就随之而来，烦恼也就随之而生。要知道，生活从来不会按照我们所希望的样子出现，所以只有主动跳出自己的主观希望，才能以理智的态度面对生活中的痛苦和烦恼。

在生活的波折中，谁能够保证心如止水、泰然若之？谁能够没有情绪，没有心动，没有快乐，没有失望，没有痛苦，没有嫉妒，没有感情？是的，很少有人能够真正拥有这般的修养，所以，我们常常错误地以为自己的痛苦是别人所带来的，因嫉妒而苦，是因为他人比自己优秀吗？实际上是因为我们看不开，想不透，放不下贪念，所以才会羡慕，才会嫉恨，才会对自己的生活生出种种不满意。

罗斯大学毕业参加工作已经 3 年，转眼又到了一年一度的大学同学聚会。罗斯虽然学的是建筑，但由于顺从父母的安排，所以毕业后进入一家证券公司担任操盘手。总体说起来，他对自己的工作颇为满意，而且收入也马马虎虎过得去，然而同学聚会却打破了这种精神平衡。

大家围坐在母校的草坪上，一边喝着冷饮一边畅聊。曾经的青涩少年早已经成为各行各业的中流砥柱。罗斯亲切地和大家交谈着，聊着彼此的工作以及生活。“大卫，你这两年好吗？前两次聚会都没有见过你的影子。”罗斯走到老舍友大卫跟前，拍着他的肩膀问道。

“还记得我们共同的梦想吗，罗斯？”大卫一脸认真地看着罗斯。“当然，我们说好一起环游世界的，难道……”罗斯看着舍友的笑脸，一时之间竟不知说什么才好。紧接着，大卫十分仔细地讲述了这三年来的生活和工作。原来，他一毕业就下定决心要实现自己的梦想，所以考取了旅游业从业资格证，并正式成为一名导游。三年来，他带领无数个旅游团游遍了全球各地，不仅拍遍了各地美景，而且结识了不少朋友，丰富多彩的生活让大卫看起来神采奕奕。

“你呢，罗斯？”大卫意犹未尽地说完故事后，转而询问罗斯的近况。实际上，罗斯也是一个背包客，然而平时的工作却十分繁忙。实际上，操盘手这份工作，收入确实不错，但罗斯并不快活，这不是他喜欢的工作，所以每天都如同机器一样麻木地上班，稀里糊涂地下班，3 年就在这种不疼不痒的生活中过去了。看着大卫阳光的笑脸，罗斯由衷地羡慕，甚至忍不住嫉妒。

同学聚会结束了，然而罗斯的心却再也平静不下来，每当面对枯燥乏味的生活时，罗斯脑海中总是浮现出大卫当日灿烂的笑容，鲜明的对比下，他越来越烦躁，越来越痛苦，为什么大卫可以那样开心快乐，而自己却这般烦闷呢？痛苦像一条毒蛇一般死咬着罗斯的心灵，令他寝食难安。

实际上，罗斯之所以感觉到痛苦，完全是因为对大卫的羡慕和嫉妒。表面上看，令他痛苦的是大卫，然而实际上却是他自己的内心。如果他对自己的生活满意，那么，没有人能够让他因为嫉妒而陷入痛苦的深渊。永远都不要把痛苦的根源放到他人身上，因为只有一个人修行不够的时候，才会受到外物影响。打破平静生活的人并不是别人，而正是我们自己。

所谓苦海无边，回头是岸，人生如此短暂，谁能心甘情愿在苦海中度过短暂的一生？不要再埋怨生活的不如意，也别再吐槽周遭人们的种种不文明，只要我们一颗心能够在闹市中保持莲花般的纯净，那么，还有什么可以动摇生活的平衡状态？心就是一面多功能的镜子，既能缩小痛苦和烦恼，也能放大快乐，倘若只懂得放大，不懂得缩小，那么不断放大的痛苦只会把残存的快乐也无情吞噬掉。唯有收放自如，不嫉妒，不计较，不苛求，不怨恨，我们才能净化那颗蒙尘的心，才能重新回归原本的快乐。

4. 心被外物所牵，所以你才会煎熬

我要住大房子，我要买好车，我要赚更多的钱，多希望自己能升职……如今的人们早已经彻底被金钱和权势所俘虏。为了赚更多的钱，无休止地加班，甚至丝毫不顾及是否会过劳死，疯狂地采购各种奢侈品，丝毫不考虑是否真的需要这些华而不实的东西。要知道无论是金钱还是权力都是为人服务的，而如今多少人反而成了它们的奴隶。被这些身外之物驱使着，又如何不煎熬？

在这个物欲横流的社会，人们对金钱和权力的追求已经陷入疯狂状态，“人为财死，鸟为食亡”并非夸张，而是对现实的真实写照。即便是一枚硬币也有正反两面，金钱和权力也是一把双刃剑，在给人们带来享受的同时，也在不断浇灌着人性深处的邪恶欲望。真正的快乐，从来不是用金钱和权力能够换来的，如果不能领略生活的乐趣，再多的金钱也只会带来怎么都填不满的空虚。

实际上，钱越多，权越大，人的内心往往更加不安，害怕财富被偷、被抢，怕被贪财的小人绑架，也害怕黑社会的威逼利诱。爬得越高，往往摔得越惨，如此简单的道理却依旧被人们置之不理。权力虽然大，但谁能肯定一辈子都不会弄丢了乌纱帽？即便是封建社会的皇帝还会面临改朝换代的

危机，更何况是还没有登到权力顶峰的普通人？与其时时担忧，处处提防，惶惶终日而寝食难安，反倒不如抛弃这些世俗的累赘，轻松快乐地享受生活。

王某是人们公认的富翁，集团旗下有数百家子公司，住着豪华的别墅，家中有漂亮贤惠的妻子，还有一个聪明懂事的儿子，然而日子过得并不开心。而他家请的一对佣人夫妻却是笑口常开，丈夫是司机，妻子则是做饭的阿姨。尽管这对佣人夫妇赚到的钱在王某眼中不值一提，但两个人整天有说有笑，一条廉价丝巾能让妻子开心很久，妻子细心地为丈夫擦拭汗水亦是擦掉了工作一天的疲惫。看着这对幸福的佣人夫妻，王某不禁心生感慨。

论地位，尽管王某没有进入福布斯的榜单里，但在周围的人群中早已经是成功人士的典范；论金钱，尽管还不足以富可敌国，但足够一家人一辈子衣食无忧；论家庭，自己的妻子温柔漂亮，不仅有品位，而且把整个家打理得井井有条；论事业，目前阶段公司运营状况良好。然而拥有得多并不代表就能有更多的快乐，实际上，王某的幸福感并不比自己的司机多。

白天整日周旋于客户之间，当夜幕降临，公司的员工都陆续下班，赶回家与家人共进晚餐时，他要么在办公室继续加班，要么正在觥筹交错的酒桌上应酬，而当他终于拖着疲惫的身躯回到家时，妻子和孩子早已睡熟。

生意越做越大，但王某却越来越害怕，害怕一夜之间破产，害怕被竞争对手超越，害怕好不容易积累的财富突然不翼而飞。这天，他好不容易闲下来，坐在沙发上，看着身边的妻子，他皱着眉头叹道："我们虽然有万贯家财，可是还不如那对佣人夫妇过得开心！"妻子想了想笑着回答："如果你真想过得开心，那么，把公司转让出去吧！不妨转给你的生意伙伴老李，他不是一直在扩张商业版图吗？相信他会感兴趣。"

不久后，王某抽时间约老李一起吃饭，并透露出转让公司的意思，果不其然，老李确实十分感兴趣。半年后，王某终于将公司的全部事情都处理清楚，然后带着妻子和孩子到欧洲度假，脱离了欲望的枷锁，他的眉头终于舒展开了，当再次敞开心扉哈哈大笑之时，他才发现原来快乐很简单，只要没有金钱和权力的束缚，那么也就没有心急火燎的焦急，日子自然也会变得轻松起来。

守着财富的人不一定能够幸福，哪怕是一堆花花绿绿的票子，几十栋洋房，也填不满欲望的无底深渊。在欲望中溺水的人，只会越陷越深，哪里能够咀嚼到人生的真趣味？来到尘世中的每一个人都奢望求得幸福，然而不管是幸福还是短暂的快乐都是心灵开出的花，而不是金钱和权力的附属物。

再多的金钱，再高的权力也不过是过眼云烟，生不带来，死不带走，如果执着于此，不免让心灵蒙上浊世的尘埃，又哪能养出清如莲花般的花朵？人间有苦，但最苦的并不是痛苦本身，而是处在痛苦之中却不自知，自愿在苦海中不断挣扎不断深陷。放眼整个社会，有多少人沉浸在欲望之中，甘愿被金钱和权力奴役？没有自由的心，自然也开不出快乐的花。

豪华的别墅也好，价值千万的跑车也罢，这些都是外物罢了。当你为这些东西沾沾自喜时，殊不知拥有大智慧的人正在低头哂笑。不要试图用奢侈品提高自己的身价，只有没有真才实学、没有灵魂和自我的人才会这样做。人是万物的主人，不要在追逐金钱的过程中迷失自我。人之所以高贵，是因为思想，倘若失去思想，成了金钱和权力的傀儡，那么，还何来高贵之说呢？

如果你正在苦苦煎熬中度日如年，那么，不妨停下前进的脚步，拿出心灵的镜子，好好审视一下自己的灵魂是否安好？静下心来想一想，金钱和权力带给你的快乐有多少，内心真正想要的究竟是什么。只有摒弃一切外物的干扰，才能听到内心的声音，跟着自己的心才不会遗失自我，才不会忘记快乐。

5. 报复，等于往怨恨的烈火上浇油

人不犯我，我不犯人，人若犯我，我必犯人，相信这是不少人的处世之道。然而这样的处世方法就一定是正确的吗？生活中难免会遇到一些小摩擦，如果一遇到摩擦就要报复，那么生活早已经被怨恨所占据，哪里还有什么快乐可言呢？报复好比“七伤拳”，虽然威力巨大，但伤人先伤己，

如此看来，报复他人实在不是明智之举，很多时候，忍一步风平浪静，退一步海阔天空，所以不妨看开一些。

所谓“青山几度变黄山，世事纷飞总不干。眼内有沉三界窄，心头无事一床宽”。心就好比一面镜子，是照出人世间的种种美好，还是将世界的丑恶摆在面前，完全取决于心境，而并非外界的环境。心胸狭隘，注定享受不了恬淡的生活，唯有放宽心，放下怨恨的包袱，我们才能在人生路上轻松前行。

怨恨生于内心，工作中同事的无心之过，生活中陌生人的偶尔失误等都可能会给人的心灵带来伤害，善心人面对伤害会一笑而过，而心胸狭隘之人则会心生怨恨。千万不要小看怨恨，谁说心中的星星之火就不会燎原？如果纵容心中的怨恨不断成长，哪怕是鸡毛蒜皮的小事也能演变成深仇大恨，报复的行为也便顺理成章。然而报复他人就能解脱自己吗？事实上并非如此，在报复的那一刻或许是快乐的，但这种建立在邪恶基础之上的快乐是难以长久的，短暂的快乐之后等待我们的将是无止境的悔恨与自责。

报复无异于在怨恨的烈火上浇油，心火越烧越烈，平淡的精神家园自然也就葬身火海。世界上从来没有能用报复手段根除的怨恨，尽管报复手段多种多样，然而无论多么残忍的报复都无法将心中的怨恨连根拔起，反而会纵容它们迅速长大。那么，如何才能消除心中的怨恨呢？唯有爱，用爱来化解心中的仇恨，用爱来彼此相待，才能换回和睦相处，才能洗去心灵的尘埃。

在家人的祝福下，莉莉走进了婚姻的殿堂。婚后，夫妇两人与婆婆住在一起，原以为生活会和和美美，然而丑陋的真相却让莉莉痛心不已。刚度完蜜月，她就发现婚后的生活是多么的糟糕，几乎每天都是无休无止的争吵。

身为职业女性，莉莉是一个责任心很强的人，由于工作繁忙，晚上常常加班到深夜，所以周末的早晨，她常常睡到中午才起床。然而，令她感到无奈的是，婆婆习惯早起，好不容易周末两天能多睡一会儿，结果，八点还不到，婆婆就开始敲门，有一次莉莉和丈夫忘记锁门，婆婆竟然直接推门而入，让抱在一起的夫妇俩尴尬不堪。然而，婆婆并没有就此打住，而是当着丈夫的面指责莉莉懒惰，没有起床准备早餐。

面对婆婆的苛责，莉莉实在是忍无可忍，于是一场家庭大战就此展开。按照中国尊敬老人的传统，莉莉不得不对婆婆退避三舍，但时间一长，所有的愤怒和不快越积越多，受尽委屈的她对婆婆也是心生怨恨。再也不能这样忍气吞声下去了，必须要改变这糟糕的生活，必须要把自己从这糟糕的生活中拯救出来，于是，莉莉开始行动了。

一天，她找到了父亲一位开中药铺的黄姓朋友，将自己的处境一五一十地告诉了他，并希望他能够给自己一些毒药，这样所有的问题就都解决了。黄先生听完了莉莉的倾诉，表示愿意帮助她解决问题，他想了一会儿告诉莉莉，只要她按照自己要求的做，那么一切烦恼都将烟消云散。

随后，黄先生将一包草药交给莉莉，并提醒她："如果你用见效快的毒药除掉你婆婆，肯定会引起怀疑的，这包是慢性毒药，所以最好每天都给她做些鸡鸭鱼肉，然后放少量毒药，为了避免被怀疑，所以这段时间，千万不能和她争吵，还要恭恭敬敬地对待她。"莉莉将黄先生的话一一记下，道过谢后，她高高兴兴地回家，开始了心中的计划。

几个月过去了，在她的精心伺候下，婆婆的态度也大为改观，她像对待亲生女儿一样疼爱莉莉，逢人便夸儿媳妇孝顺。而此时的莉莉却开始悔不当初，她偷偷找到黄先生，希望能够阻止毒药的毒性。此时，黄先生才告诉她，所谓的毒药只不过是滋补身体的草药而已，唯一的毒药是她心中生出的怨恨。

怨恨是心灵的毒药，它唆使人们用报复的大棒去惩罚每一个让我们不开心的人。然而怨恨就像一条双头蛇，当心中的毒蛇对着他人吐信子时，自己的心灵也正在被毒液侵蚀。对一个人来说，最有害的东西就是怨恨与内疚，前者让我们把恶毒的力量对准他人，而后者则是调转枪口正对着自己。

冤冤相报何时了，与其以伤害自身为代价去报复他人，不如放下心中的怨恨。愤怒不可怕，可怕的是愤怒过后仍然不能忘记种种不快。生活中，再没有脾气的人也免不了会大吼大叫，委屈、生气、憎恨，这些情绪正是滋生报复的嫩芽，只有将这些情绪扼杀在摇篮之中，才能避免报复的悲剧上演。不难想象，如果故事中的那包草药是毒药，那么结果又会是怎样呢？莉莉心中的怨恨不仅不能根除，反而会因为谋害婆婆而活在悔恨之中，整日在铁窗中以泪洗面。

不论他人怎样伤害自己，永远都不要往怨恨的烈火上浇油，因为烧毁的不仅是他人，还有自己。心中有爱，才能化解一切仇恨与报复的邪恶想法。所以，试着像爱自己一样去爱周围的每一个人，因为有爱的地方就不会有怨恨，不会有报复，不会有冤冤相报的恶性轮回。生活从来都是美好的，地上有大片的阴影，正是因为有明媚的阳光，而我们需要做的则是从阴暗的影子里，走到阳光底下来。

6. 说一句谎话，要编造十句谎话来弥补，何苦呢！

毫不夸张地说，每个成年人都撒过谎。早晨睡得正香，结果被电话铃声吵醒，睁眼一看，猛地打个激灵，约好和朋友9点钟见面，结果自己还没出门，于是急急忙忙接通电话回答道："正在路上，马上到，马上到。"从严格意义上来说，这也是撒谎，尽管只是一句小小的谎话，但说谎了就是说谎了。尽管每个人都知道为了圆谎，常常需要编造N句谎言，而且还会影响自己的信誉，但不少人仍然在无意识中毫不愧疚地说着各种各样的谎话。

撒谎就像一朵妖艳的罂粟花，虽然能够把我们装点得漂亮，但终究是有毒的，一旦说谎成瘾，那么，再想摆脱这样的恶习就会变得难上加难。千万不要小看一句毫不起眼的谎言，因为当一句句谎言堆积到一起的时候，你就会发现，谎言已经多到连自己都记不清，于是唯一应付的办法就是不再说实话，每句话都留活口，以防谎言被揭穿时死无葬身之地。

撒谎是会养成习惯的，一句谎言看似无关紧要，但每句谎言的背后都需要更多谎言的支撑，我们花费心力想着怎样去编造谎言，怎样把谎言编造得更加完美，久而久之，原本单纯的心便会陷入自己编造的迷雾之中，看不清方向，焦躁的心只想着如何遮掩过去的漏洞，哪里还能看到眼前的美好，哪里还能安心享受踏踏实实的幸福？

小李进入公司三年有余，也算是公司的老员工了，但经常被领导压制，所以对于自己的顶头上司十分不满。一次偶然的机会，小李和大领导一起会见重要客户。坐在预订的饭店包厢里，约见的客户还没有来，小李仔细看了看周围，并没有其他人，于是开始发泄自己对顶头上司的种种不满。

说到动情之处，小李说溜了嘴，于是除了添油加醋诋毁一番外，还顺带说了些莫须有的罪名。实际上，在说话的时候，小李丝毫没有意识到，自己在撒谎，而且他并不认为这样的谎话会给自己带来什么麻烦。

转眼三个月过去了，当小李把当初撒谎的事都忘到九霄云外的时候，撒谎的事情败露了。在公司部门季末总结会议上，大领导和小李的顶头上司发生了争执，两个人坚持自己的观点，于是吵得面红耳赤，早已经在争吵中失去了理智的两个人，说话也开始不计后果。被逼急的小领导突然发难，要求大领导对最近整他的事情给出一个合理的交代。

大领导想都没想，将打小报告的小李和盘托出，小领导对于自己没有做过的事自然死不承认，于是小李被同事传唤到会议室当场对质。此时的小李才意识到说谎的可怕之处，尽管他觉着十分窘迫，但为了让当初的谎言能够成立，为了让同事和领导继续信任自己，他不得不继续编造了更多更大的谎言。

群众的眼睛是雪亮的，尽管小李迫切地想证明自己是个诚实人，然而实际上却是欲盖弥彰，到后来，两个领导的怒火直接烧到了小李身上，从此以后他再也无法赢得领导的信任。事实上，在当事人面前直接撒谎，是世界上最难也最痛苦的事情。早知如此何必当初呢？如果没有当初信口开河的谎话，又何苦为了圆谎而处处纠结，又何苦丢了自己的信誉和前途呢？

谎言只要没有被戳穿，那么一切都风平浪静。然而所有的谎言真的能够烂到肚子里吗？要想人不知，除非已莫为，世界上没有密不透风的墙，说出去的话就像是泼出去的水，再也收不回来，一旦谎话说出去了，那么，不管我们怎样懊悔都无法将说出的谎言收回。谎言在无情地伤害着爱情、友情和亲情，在迫害着我们的前途和社会生活，所以无论如何，不要撒谎，哪怕只是一个无关紧要的小谎，因为在事情没有发生之前，谁都无法确定一句谎言会埋下怎样的祸患。

在日常生活中，谁都会遇到难言之事，不管是上班迟到，还是无故请假，抑或是爽约，都不要撒谎来为自己找借口，如果实在是难言之隐，那么，不妨模糊处理，不仅避免了撒谎，也省去了他人的责备和质问。不管面对怎样的情况，一定别撒谎，因为哪怕是一句无关紧要的谎话，也会逐渐演变成弥天大谎，并最终以丢失信誉为代价。

用一颗本心去处世，要么保持沉默，要说就说实话，虚话、假话是经不起时间考验的，说一句谎话就等于在未来的道路上埋下了一颗定时炸弹，我们总会为此而付出沉重的代价。不要为自己找借口，再漂亮的借口也是“画皮”，一旦被人戳穿，露在世人面前的就只能是狰狞的面孔，与其日夜殚精竭虑地害怕谎言被戳穿，不如老老实实说实话，享受踏实生活带来的安稳与平和。

7. 想得开是天堂，想不开是地狱

出乎意料的表扬，过于苛求的诋毁，莫名其妙的虚名，天上掉下的不义之财……人生在世，谁都难免会受到外界环境的干扰，面对种种诱惑和困扰，能够无动于衷的又有几个人呢？仅仅是一句寒心的话，便总要想着，记挂着，心中又何尝不会苦涩，凡是想开了便是一片海阔天空，想不开也只能被虚名所累。人生如此短暂，又何必想不开呢？

命由己造，相由心生。唯有心不动，万物才能不动，心不变，万物才能保持原本的纯净。身处尘世之中，纠结与痛苦是在所难免的，常在河边走，哪有不湿鞋。当心灵被纠结占据之时，我们所要做的不是为打湿的鞋子悔恨、惋惜，而是要想开点，既然事已至此，那么，不如坦然接受，想得开是天堂，想不开则是地狱，要想远离地狱的煎熬，还是想开些的好。

人是一棵会思想的芦苇，也正是具有了思维，所以才更容易受到外界的诱惑。看着别人家财万贯，自己怎甘落后？看着别人平步青云，自己怎能不眼红？因为想不开，看不透，于是我们逐渐成为钱权的俘虏，整日忙忙碌碌却并不快乐。等到人过半百，猛然回首才愕然发现，宝贵的人生竟悄然间接近落幕。与其等到年老了再去感叹当初为什么想不开，倒不如现在就顿悟。早点想开便能早点解脱，便能早点体味到人生的真滋味。

随着都市生活节奏的加快，很多人都整天生活在忙碌和紧张之中，保罗也是其中的一员。自从参加工作后，他几乎每天都像上好发条的机器人，亢奋地在工作和家庭中来回穿梭。尽管表面上看来，保罗每天的工作状态都十分亢奋，而且充满了激情，但激情的背后却是无尽的疲惫。

保罗总是十分紧张，从来都不知道怎样才能让自己彻底放松下来。工作中的他精神满满，然而一旦下班回到家，就变得无比沮丧。尽管已经下班了，但脑子里全部都是工作中的琐事，保罗对此忧虑重重，筋疲力尽，长期的精神紧张致使他的身体状况越来越糟糕。

早晨匆匆忙忙地起床，狼吞虎咽地吃早餐，急急忙忙地穿好衣服，然后像被鬼魅追赶着一样开车上班。即便是开车，保罗也时常处在紧张状态中，他会紧紧抓住方向盘，工作时哪怕是一份不重要的文件，他也是十分紧张地牢牢放好，电话一响，精神立马进入高度紧张状态，接电话也是急急忙忙。

结束了一天的忙碌，终于开车回家了，按理说终于可以轻松地喘口气，然而实际上却并非如此，保罗下班回家也如同上班一样匆忙，匆匆忙忙地收拾好办公桌，急急忙忙地出门，然后紧紧抓着方向盘开车回家。到家之后，犹如陀螺般旋转了一天的保罗哪里还放松得下来，所以连睡觉都变得紧张起来，躺到床上的那一刻，他甚至想急忙入睡。

这种紧张状态给保罗的生活带来了很大的困扰，于是，他向一位精神病专家求助。得知了保罗的情况后，精神病专家很严肃地说道："保罗，你在慢性自杀。为什么你不能慢慢来？为什么不让自己轻松一下？"随后，这位专家给出了很好的建议，他建议保罗不管是在工作、开车，还是在吃饭、入睡前都要想到放松。

保罗听从了精神病专家的建议，不管遇到怎样难以解决的问题，都在心中耐心告诉自己，这一切没有什么大不了的，一定要想开些，要放下这些心理负担，放松自己。经过一段时间的努力后，保罗的生活有了很大的改观，尽管每天还是那些事情，但他的生活状态却得以改善。吃饭、开车、接电话都比以前轻松了，哪怕是面对一个争吵的人，也能轻松地心平气和地与对方沟通。

想开了，那么，一切烦恼和困扰也就不复存在了。保罗正是因为想开了，所以才能让自己从紧张中解脱出来。想得开则一片祥和，想不开便只能遭受心灵的折磨。实际上，令我们纠结困扰的并不是世间的人和事，而正是自己的心。想开了，生活自然会变得轻松愉快，紧张烦恼也会随之消失得无影无踪。

纵然每个人的命运都是不同的，但造物主是公平的，即便是再顺利的人也会遭遇挫折，也会身处困境，当外界的不利环境屡屡向我们施压之时，彷徨、不安、紧张、害怕等情绪令我们纠结、烦恼，那么，为什么会有这些情绪呢？不过是太执着于得失而已，塞翁失马，焉知非福，所以面对一时的得失荣辱都不必太在意，想开了这些，便能按照自己的心自在生活，又何来不快活？

生死有命，富贵在天，既然不能未卜先知，那么何苦为将来的得失困苦？凡事不妨洒脱些，想开点，往远处看，只有这样才能真正做到不以物喜，不以己悲，才能韬光养晦，顺其自然地活出自己。哪怕工作十分繁忙，也要时刻保持心态平衡，安心工作，安心生活，静静品味酸甜苦辣咸的人生五味。

第二章

灭却心头火，才能点亮智慧灯

生而为人，难免会在与人交往的过程中产生不快，生气也就自然而然。但殊不知，点燃心火无异于激活痴嗔，这种仇视、愤怒以及怨恨的心理，则会带来烦恼和不安。唯有熄灭愤怒之火，才能点燃温暖与智慧的明灯。

1. 事事无大碍，何须论长短

鸡毛蒜皮的小事根本不值得计较，然而世间又有多少人的眼睛里能够容得下沙子？于是，哪怕是无关紧要的小事，也要争出一个长短胜负来，然而这样做又有什么意义呢？不仅扰了自己的一心清净，更是连他人也得罪了。所以人生在世，不必事事要论长短，凡事没有什么大不了，保持中庸的处世态度才能存心养性，轻松快乐一生。

人生进退，不过是一念之间，又何需争出一个长短？一旦灭掉此欲，那么，本也就没有所谓的进退之说。是非不必争人我，一争，烦恼必生，如此一来，又何必自寻苦恼？脚踏实地走路，实实在在做人，唯有学会以平常心对待，我们才能凭借率真的本性做事，才能在浊世之中守住自己的清明之心。

在现实生活中，人们的争论往往起于利益，这里所说的利益并非单纯指金钱和权力，而是包含着更为丰富的内容，为了维护所谓的面子，与人争得面红耳赤，为了所谓咽不下去的一口气，不顾礼义廉耻，当众与他人厮打在一起……面子也好，一口气也罢，严格来说这也都是利益，为了维护心中的嗔念，为了助长内心的恶魔，我们一步步走进深渊，甚至是义无反顾，如此计较又怎能没有烦恼？

一味地争抢只会让我们陷入孤立，所以很多时候，不妨多一些宽容，不仅宽容了别人，也宽恕了自己。放下愤怒，自然能够拿起自己的好心情去容纳别人。

琳达是某集团的继承人，由于刚刚走马上任，为了了解各个分公司的经营状况，她带领一名助理出差到纽约对当地的分公司进行考察。

这天，琳达的助理由于身体不适告假，所以她便独自一人开车前往分公司了解情况。由于事出仓促，她并没有打电话告知公司相关接待人员。分公司设在闹市区的一栋商业大楼中，在地下停车场停好车子后，她进入了办公大楼。从前台问询处得知分公司在大厦 10 层办公，随即，她来到了电梯口。

电梯里并没有其他人，琳达按下了数字 10，随着“叮”的一声，电梯门打开了，谁知琳达刚准备走出去，却被匆忙走进电梯的人狠狠撞了一下，顿时，一股热乎乎的液体从鼻子中涌出，下意识地用手一摸，果然是流鼻血了。琳达抬起头一看，对方是个 30 多岁的中年男人，脸上写满了焦急，很不友好地看了对方一眼，她急急忙忙走出电梯，奔向了洗手间。而撞人的罪魁祸首却匆匆忙忙坐着电梯走了。

过了好一会儿，待鼻血止住了，琳达才从卫生间出来，走进了总经理办公室。总经理一看是自己的顶头上司，赶忙让秘书送来了两杯茶，说了几句寒暄的话，总经理按捺不住问道："刚刚接到总部的电话，说今天您会过来考察，我专门让王经理下去接您，好像是正好错过了，我赶紧打电话喊他上来。"说完，总经理拨通了电话。

不一会儿，办公室门开了，一个男人匆匆忙忙走了进来，琳达抬头一看，竟然是在电梯口把自己鼻子撞破的罪魁祸首，而对方也认出了琳达，于是场面一度有些尴尬。愣了几秒钟，王经理讪讪说道："实在是不好意思，刚才把您撞疼了吧？在下眼拙没认出是您。"琳达一想到自己好端端的竟然被撞破鼻子，心中自然升起一股怒火，但事已至此，如果揪住这点小事不放，岂不是显得小肚鸡肠，这种小事何必一争长短呢？思及此，琳达压住内心的怒火，微笑着回答道："没关系，小事一桩，再说你不是已经向我道歉了嘛！"事情虽小，但琳达却借此在分公司赢得了人心，在后来的公司制度改革中，赢得了王经理的无条件支持。

也许你并不是一个脾气暴躁的人，但这并不代表我们永远都不会发脾气。在这大千世界中，谁也难免像故事中的琳达一样，莫名其妙就会飞来麻烦，公交车上被他人踩到脚趾，打租车时一不留意遗落了随身携带的遮阳伞……

总有些难以避免的小麻烦，倘若我们非要把这些事上纲上线，搞清楚搞明白并为自己讨回公道的话，那么，原本简单的生活顿时就会变得复杂不堪，如此一来，又怎能轻松快乐？

在现实生活中，几乎每个人的身边总是会有这样一类人，他们可能是自己的老朋友，也可能是邻居或者老同学。他们十分擅长勾起你的怒火，甚至会故意添油加醋诋毁你，于是，为了报复，为了找回面子，我们开始污蔑对方，开始越来越明显地厌恶、讨厌对方，然而这样真能解决问题吗？

实际上，问题不仅没有解决，反而变得越来越棘手，因为别人无心提起某个成功的同学或者朋友时，我们便会感到对方在侮辱自己，并主观地以为对方否认自己的能力。结果就是，在越来越无法忍受对方的同时，我们也越来越讨厌自己。其实，他们只是在陈述事实而已，并没有针对任何人。不管是自己的主观猜测，还是被人误会、教训，这些都无伤大雅，往往越是把这些小事当事，烦恼也会随之放大，反之当我们认为事事无大碍时，一切反而会回归美好。

2.“我执”为根，生诸烦恼

每个人的意识中都是以自我为中心的，不管是时间还是空间的变化，每个人都是以自己为参照物，长此以往，就有了执念。我不快乐，所以周围的一切都不顺心，哪怕是看到了别人的笑脸都会心中暗自诅咒一番；我快乐了，那么别人怎样烦恼自然不关我的事，于是自私自利就随之而生。实际上，在现实生活中，绝大多数人的一切价值取向都是围绕着“自我”所展开的，然而却很少有人知道“我执”正是诸多烦恼的根源。

在日常生活中，人们总是在不知不觉中，为世间万物打上自己的标签，“我有房有车”“我生病了”“我父母很疼我”“我很郁闷”“我一点也不漂亮”“为什么我不能升官发财呢?”“我打算去欧洲度假”……几乎所有的东西都被人们附加上了一个无形的标签，那就是“我”，当然也可以将这种“执念”理解为人内心深处的占有欲。

每个人的心中都藏着一团火，我们渴望将一切都烙印上自己的印子，殊不知，这种占有欲并不能给人带来长久的快乐。想占有的东西却无论如何都得不到，于是纠结痛苦缠身。终于得到了梦寐以求的东西，才发现不过尔尔，于是失望空虚。回头想一想，如果没有过多的执念，没有极度占有的欲望，哪里还有这些烦恼呢?“我执”是烦恼的根源，打破自己心中的执念，才是生活的大智慧。

在职场中，“忠诚”对于一个员工来说无疑是一种美德。但古人说得好，“狡兔死，走狗烹”，如果看不透这一点，从始至终过于执着，反而很难落得好下场。年近40岁的于先生，最近刚刚离开了奉献 15 年的公司。

15 年前的他还是风华正茂的年轻小伙，那时候，他到一家小电器行应聘，并成了一名正式员工。所谓路遥知马力，日久见人心，由于他不仅聪明能干，而且对老板也十分忠诚，所以自然深得老板的赏识和器重。士为知己者死，于先生工作越发卖力，老板也是不断给他升职加薪，那段时间两人俨然手足。付出注定会有收获，在源源不断地努力下，电器行的业务蒸蒸日上。

生意越做越好，老板自然想做大做强，紧接着，于先生成了开疆扩土的将士，不久后，一家分店在另外一个城市顺利开张，原来的电器行变成了两家，老板精力有限，所以于先生自然而然地成为新店经理。尽管远离了老板的视线，但于先生依旧忠心耿耿地为老板效力，在他兢兢业业的努力下，新店在当地很快就打出了市场，营业额和利润自然也是水涨船高。

为了留住优秀人才，老板当即拍板决定，将新店 20% 的股份奖励给于先生。在接下来的几年中，陆续又有十几家分店开张，而于先生也成了仅次于老板的高层管理人员，年薪更是数以百万计，再加上部分股份，可谓收入颇丰。

转眼十多年过去了，公司的业务越做越大，于先生在老板的授意之下逐渐把重要工作交给了年轻一辈，自己则成了“德高望重”的“创业元老”。本以为“享清福”的日子已经到了，可谁知没过多久，老板将一张支票拍在桌子上，要求他离开公司。

这可是自己奉献了无数汗水的地方啊，老板为什么要这么狠心？于先生离开的原因我们不必去探究。但于先生对此却十分执着，无论如何也不甘心离开，但却不得不离开，所以心生烦恼，对生活也失去了信心。离开公司后，他整日躲在家中生闷气。尽管事情过去一个多月了，但一想到曾经的种种，心中就会无比郁闷，于是只好日日酗酒买醉，麻痹自己的神经。

实际上，人的烦恼皆来自“我执”，如果于先生不是过于执着“我为什么会被老板逼走”这件事，有钱有闲的他完全可以出去旅旅游、散散心，充分享受一下生活的闲适与美好，又何苦整天闷闷不乐呢？人的执念是处在不断变化之中的，比如买车，在买车前，这辆车是不是有什么毛病，外观是否漂亮，价钱是高还是低，这些都与我们没有丝毫关联，所以也不会影响到我们的情绪，然而一旦准备买车或者已经买下后，那么，一切就变得不一样了。车的耗油量太大会让我们不爽，刚买没几天，市场上同款车型又降价了，会让人郁闷……

正是因为这辆车已经被打上了“我”的标签，所以烦恼便来了，物品上留下了自己的痕迹，所以人常常会对此耿耿于怀。一个小小的“我”的标签就把原本的快乐生活搅得一团乱，对于这些外物，往往越是在乎，它对我们的伤害也就越大。执念有多深，烦恼就有多大，倘若丝毫不在乎钱、权、车、房这些外物，那么，怎么会因为房价的涨跌而心惊肉跳？怎么会对那些中了五百万巨奖的人羡慕嫉妒恨？怎么会看见升职加薪的人就眼红不已呢？

星云大师曾经说过："要用智慧使一切庄严，不要用我执、我见去分裂。"那么，怎样才能破除心中的"执念"呢？"我执"之所以会给我们带来困扰，其根本原因在于自我与他人的对立，所以不妨多替他人着想，尽量多替他人做事，如此一来，不仅不会与他人对立，更不会与周围的事所对立。此外，每个人都有自己喜欢的东西，倘若不能以平常心对待，那么，又如何从"我执"中解脱出来呢！

3. 抓得越紧，失去的越多

每个人生来只有两只手，而世间的万物何其众多，就算我们竭尽所能，能够抓到手里的又能有多少呢？很多东西就像是握在手中的沙，往往抓得越紧，失去得也就越快，感情是这样，人生也是这样。随着年龄的增长，身上的担子越挑越重，正是因为哪个也不愿意失去，所以只能在包袱的重压下蹉跎岁月，即便耗尽全身力气也难以登上金字塔的顶端。

世界上最大的悲剧，莫过于平凡人非要做不平凡之事。

不能放下负担，不能放空自己，又怎能静心？平凡之人追求不平凡，智者则甘于平凡，享受平凡。究竟是成为追求不平凡的痛苦人，还是成为生活的智者，选择全在我们自己手上。要想闲看花草蓝天云卷云舒，唯有张开手，因为握紧拳头，里边什么也没有，张开，我们便拥有了一切。

有得必有失，有失才会有得，人不是千手观音，两只手又能抓住多少东西？即便是人有千手，也抓不住不断流失的时间，也抓不住曾经的美好年华，更抓不住茫茫未知的明天。机会、时间、快乐、幸福……很多东西都不能抓得太紧，尤其是感情，不管是令人欷歔的爱情，还是血浓于水的亲情，抑或是真挚的友谊，所有的感情都该是被捧在手心里呵护，倘若我们攥紧手掌，那么一切都会离我们而去。抓得越多，失去的也就越多，感情是如此，人生又何尝不是呢？

唯有懂得张开手掌的人，才能拥有意料不到的惊喜。美国亨利食品加工工业公司总经理亨利·霍金士先生就是一个生活的智者。公司刚刚研制了一批新产品，亨利·霍金士拿到化验室的报告单时发现，这种新产品的配方中含有一种有毒的添加剂，确切来说这种添加剂并不会给人体带来多大危害，但长期食用确实会对人体健康产生影响。然而，这种添加剂又是新产品的重要配方之一，如果没有了它，产品的新鲜度则会大大降低，这不仅大大缩短了食品的保质期，而且口感也会发生变化。

在公司的高层管理会议上，很多管理者认为应当隐瞒这一信息，因为使用防腐剂是食品行业的常识，而且只有这样才能保证新品顺利进入市场，一旦公布添加剂有毒，那么就意味着整个食品厂都会遭到质疑，随之而来的则是灭顶之灾。作为决策者，亨利·霍金士很清楚公布这一信息的后果，但经过周密的权衡之后，他还是坚持认为对待顾客要诚实。不久后的新闻发布会上，他毅然决然地向全世界宣布，防腐剂有毒，会对人体健康产生不良影响。

消息一出，消费者们大为惊骇，所有食品销售锐减，受到市场影响的食品厂并不是只有一家，由于很多食品厂都采用防腐剂来达到食品保鲜目的，于是，很快食品加工者为了避免损失，联合起来打压亨利·霍金士，并公开指责他是别有用心，打击同行。在同行打压和市场的双重压力下，亨利公司一下子到了濒临破产的境地。

逐利是商人的本性，但抓得越紧，往往失去的也就越多。如果亨利紧紧抓住眼前的利益不愿意松手，那么也就不会有后来的辉煌。面对巨大利益的诱惑，亨利没有选择隐瞒，而是将防腐剂有害的信息公之于众。尽管接近破产边缘，但他的名声却因此而家喻户晓。不久后，政府为了保证食品安全，安抚民众情绪，开始支持亨利食品公司，很快，亨利的产品迅速席卷市场，成为人们最为放心的食品，亨利·霍金士本人也借此机会坐上了美国食品加工业的头把交椅。

把眼前利益看得太重的人，到最后往往会失去永远的利益，唯有像亨利·霍金士一样懂得松手，愿意吃眼前亏的人，才能成为最大的赢家。古人常常教导我们，吃亏是福，其实在很多情况下，吃亏就是占便宜，所以不要害怕吃亏。在社会生活中，往往那些愿意做损失生意的人，才能捕捉到稍纵即逝的商机，愿意吃亏的人，才能赢得大家的信任，从而获得更多的利益。

学会“放手”也是一种大智慧，越是聪明人，往往越懂得放手。其实，放手并不一定是损失，而是一种曲折前进的策略，是大步跃进的序曲，这样的放手比执着岂不是更为明智？不管我们是谁，扮演着怎样的角色，心中隐藏着什么样的欲望，都注定会失去一些东西，与其害怕失去而握紧双手，时刻处在殚精竭虑之中，反倒不如坦然地张开双手，平静地面对即将而来的失去。

放手是一种睿智，唯有懂得放开心中的包袱，才能拥有爽朗的心境，才能轻装上阵，快步前行。别再紧握双手了，因为抓住一样东西，就意味着放弃更多。人生是一个局，放弃和失去都是一种必然，永远都不要以为得到了什么，因为时时刻刻都在失去，失去宝贵的时间，失去美好的年华，失去更多的机会和金钱，所以不要抓得太紧，因为抓得越紧，我们活得也就越纠结。

4. 人生最大的悲剧不是失去，而是没有好好把握当下

庄子云："人生天地之间，若白驹之过隙，忽然而已。"不管是古代的文人骚客，还是现代的男女老少，人们似乎都在感叹生命的短暂。然而，明明知道人生苦短，为什么还要为已经过去的事耿耿于怀，为未来惴惴不安？殊不知，在回顾过去和展望未来的过程中，宝贵的时间早已匆匆流走。人生最大的悲剧不是失去，而是在失去的苦痛中荒废了当下。

风过竹林，风去而竹不留声，雁过寒潭，雁去而潭不留影。前尘往事不过是虚无缥缈的云烟，早已随时间的风而远去，又何必因为挂念而无故蹉跎呢？世态炎凉，人间冷暖，没人逃脱得掉，既然无法避免，那么就要学会安然面对，泰然处之。不因过去而悔恨，不因未来而忧虑，一切随缘随意，这才是人生的真谛。

电影《大话西游》中有一段为人所熟知的经典台词："曾经有一份真挚的感情放在我面前，我没有珍惜。等我失去的时候才后悔莫及，人世间最痛苦的事莫过于此。"是啊，人生最大的悲剧往往不是失去，而是没有好好把握当下。人生没有草稿，也没有后悔药，一旦留下了遗憾，便只能抱憾终生，与其等到日后后悔，不如现在就开始把握当下，珍惜

眼前人。

皮特是一个小有名气的科学家，虽然已经年近四十，但由于一直醉心于科研事业，所以还没有结婚。一天，皮特像往常一样闷在自己的实验室里做实验，这时候“砰砰”的敲门声传来，打开门才发现是一个陌生女子。皮特一时之间，像丈二和尚摸不着头脑，因为他并不认识这位女士，所以更不知道她为什么要敲门，找自己又有什么事，但出于礼貌，他还是友好地问道：“您好，女士，请问你找哪位？”

“您好，这里是皮特先生的实验室吗？我找皮特先生。”女子淡蓝色的眸子认真地盯着皮特说道。这时，他才开始细细打量眼前这位女士，她戴着棒球帽，一身运动休闲服，浑身都迸发着青春和活力，金黄色的头发扎在脑后，显得十分精神。短暂的沉默后，皮特回答道：“我就是皮特，不过，好像我们并不认识吧？”

“我每天早晨跑步都会从这经过，经常看见皮特先生，皮特先生从来没有见过我吗？您浑身严谨的科学家气质实在是太吸引人了，所以才来冒昧打扰。”女子一脸真诚地看着皮特，眼神中流露出崇拜和迷恋。“你也是一个活力四射的好姑娘。”皮特随口答道。

然而女子接下来的话却令他大吃一惊：“让我做你的妻子吧，错过我，你将再也找不到比我更爱你的女人了。”皮特着实被这大胆的表白吓坏了，惊魂甫定的他心中生出了一丝喜悦，实际上他对眼前的姑娘很有好感，但他一贯理性而严谨，稍稍平复了内心的震惊之后，他答道："让我考虑考虑。"

事后，皮特将做实验的那套办法搬了出来，将结婚与不结婚的好坏罗列出来，可是依然难以作出决定，于是他陷入了选择的苦恼与困惑之中。时间总是无情的，转眼5年过去了，经过漫长的思考和纠结之后，他终于找到了答案，当面临抉择而无法取舍时，应该选择自己没有经历过的那个，因为从来不知道婚姻是什么样子，所以还是结婚试试看吧！

作好决定的第二天，皮特带着礼物来到女人家中，对女人的父亲说："我考虑清楚了，决定答应你女儿的请求，娶她为妻。"然而等待他的却是冷漠的回答："你来晚了5年，她现在已经是两个孩子的妈了。"听到这，皮特几近崩溃，他怎么也没想到，自己思前想后作选择，最终换来的却是一场悔恨。

不管是爱情还是生命，都是有保存期限的，错过了最好时机，就只能和皮特一样空余悔恨。所以，想做的事一定要趁早去做，如果思前想后，前怕狼后怕虎，那么只能错过了最佳时机。一件时尚衣服，舍不得穿，那么只能在衣柜里慢慢过时，一块美味的蛋糕，舍不得吃掉，那么最后只能发霉扔掉，不要在瞻前顾后中浪费太多时间，好好把握当下才是人生的大智慧。

谁都想拥有一个完美的人生，谁都希望此生了无遗憾，然而人非圣贤孰能无过。最大的悲剧并不是做错事，而是在悔恨中错失了当下的美好。时间如流水，一去不复还，没有能够倒退的历史，也没有后悔药可以吃。既然事已至此，那么就让一切都随风而去吧，如果不舍得放弃遗憾与悔恨，那么，我们的后半生便只能在悔恨的泥潭中越陷越深，唯有生命终结才是苦难的终点。

古希腊诗人荷马曾经说过："过去的事已经过去，过去的事无法挽回。"纵然昨天的阳光再温暖，也温暖不了现在的心，逝去的曾经已经不可更改，未知的明天还没有到来，我们能够把握的只有现在。既然如此，为什么还要把宝贵的生命浪费在对过去的悔恨之中呢？人生不能重来，谁又愿意一辈子活在悔恨之中？所以，好好把握现在吧，珍惜眼前人，珍惜自己所拥有的一切，这才是生活的积极意义。

5. 群处时守住嘴，独处时守住心

人是群居动物，既然逃不开社会这个大熔炉，那么在与人相处时，就一定要注意自己的言行举止。往往越是人多的时候，越容易酿出流言蜚语，古人常常教导我们"祸从口出"，所以群处之时一定要少说，只有这样才能避免因夸夸其谈而留下轻浮、狂妄的话柄。无论何时何地，切忌贪口舌之快，想说就说，口无遮拦，说不定就会在无意之中伤害他人。

人们常说，沉默是金，尽管这是一句极其朴素的语言，但其中所蕴含的道理却实在耐人寻味。这里所说的沉默，并非是沉默不语，而是少说话，说该说之话，先思考再说话。

随着现代社会的发展，人与人之间的相处也发生了天翻地覆的变化，我们每天都要和形形色色的人打交道，如果管不住自己的嘴，那么时刻都可能引来没必要的口舌之争，从而将良好的个人形象破坏殆尽。沉默并不是思想空洞，而是精神的内敛，是一个收敛锋芒蓄势等待的过程。放眼自然界，大地因为沉默才得以孕育出秋的收获，雄鹰因为沉默所以才能迅速出击擒住猎物，严冬因为沉默终在一片萧瑟之中积蓄出姹紫嫣红的力量。所以，放弃抬扛吧，与其逞一时的口舌之快，不如保持沉默，不如在沉默中完善自我。

戴尔是一名报刊编辑，也许是因为平时的工作关系，他总是喜欢给别人挑错，而且还常常是一副大义凛然的样子。在他自己看来，这并不是一个什么了不得的大毛病，但却因为这一点得罪了不少朋友。

又是一个平淡无奇的周末，他应朋友之邀参加一个私人聚会。尽管是私人聚会，但主人却邀请了一个神秘嘉宾。坐在沙发上，戴尔和周围的人一样，谁都不知道神秘嘉宾究竟是何方神圣，所以大家都是一脸期待地等待着神秘人的出场。单纯的等待不免会十分无聊，于是有人提议，大家一起来玩划拳游戏，谁输了就要罚酒一杯。戴尔可是划拳的高手，怎么会甘心错过这么有趣的活动，于是一行人开开心心地玩了起来。

转眼，半个小时过去了，正当戴尔玩得起劲的时候，“叮咚”的敲门声响了起来，主人一听立马来了精神，献宝似的告诉大家，神秘嘉宾终于到了，说完便迈着舞步去开门了。戴尔和大家一样，也十分默契地将目光投向了门口，门开了，走进来一个金发碧眼的女郎，她很大方地和大家打招呼：“嗨，你们好。”

眼前的女郎，戴尔并不认识，看看身边人的反应，看起来没有人认识眼前这位美女，当然主人除外。“这是我的远房表妹，瑞秋，她可是刚刚才从加拿大度假回来。来吧，先喝杯水坐沙发上歇一会儿。”主人简短地介绍之后，便拿了一杯水递到女郎面前。

“你们都是表哥的朋友吧，很高兴认识你们，哦，我差点忘了，我有小礼物送给大家呢！”女郎说完便打开了随身携带的包翻找东西。“哇，一见面就有礼物，那么，如果天天见的话，是不是每天都有礼物拿呢？”“是什么好玩意，赶紧拿出来，让我们好好看看。”周围几个人叽叽喳喳，戴尔只是耸了耸肩，看着这群人嘻嘻哈哈没有正经的样子。

不多时，女郎拿出一沓漂亮的明信片，然后逐一分给在座的每个人，当然戴尔也拿到了一张。“啊，这明信片上怎么会有错别字？”当所有人都在夸礼物漂亮精致时，戴尔想也没想，一句话就说了出来，瞬间气氛变得尴尬起来，女郎的脸上红一阵白一阵，显得很尴尬。为了解围，有人特地给戴尔使了个眼色说道：“这么精致的明信片怎么会有错呢？戴尔，我猜，你今天忘记把眼镜带出来了。”谁知，戴尔不依不饶道：“就是有错别字，你过来看，就是这个单词，不信的话，我们一起查字典。”

一番争论之后，自然是以戴尔的胜利告终，但整个聚会的气氛却降到了冰点。周围的朋友虽然嘴上承认戴尔是对的，可心里才不这么想。尽管，主人为了调节气氛打了个圆场，但聚会的好兴致早被这场争论破坏殆尽。

戴尔正是因为没有管好自己的嘴巴，才惹得大家不愉快。试想，谁愿意和一个与自己争吵的人做朋友呢？所以，不难想象，如果戴尔不能改掉乱说话以及与人抬杠的坏毛病，那么很难在人际交往中如鱼得水，甚至会被朋友们孤立。在与人交往的过程中，千万要管住嘴不要说错话，更不能与人大吵大闹。

谢尔盖维奇曾经说过：懦弱愚蠢的人才好激动和大吵大嚷，聪明强干的人什么时候都应保持自己的尊严。不少人眼里容不得沙子，哪怕遇到一点不顺心，也不愿意保持沉默，非要将人驳斥得体无完肤才肯罢休，然而这种做法一点也不明智，贪图一时的口舌之快，并不能让对方心服口服。为什么非要说得让大家都不愉快呢？为什么要与人抬杠争论？无论身处何时何地，我们都应该尽量避免和他人正面冲突。因为天底下只有一种能在争论中获胜的方式，那就是避免争论。

“如果你老是抬杠、反驳，也许偶尔能获胜，但那只是空洞的胜利，因为你永远得不到对方的好感。”本杰明·富兰克林所说的这句话看似浅显，但却蕴含着深刻的人生道理。夜深人静的时候，不妨独自好好看看自己的心，想一想自己是想要表面上的胜利，还是想赢得对方的好感？唯有在独处时，守住自己的心，清楚地知道自己想要什么，才能在群处时管住自己的嘴巴，知道什么该说，什么不能说，只有这样才能在社交活动中游刃有余。

6. 不要依赖任何人，他会成为你的习惯

如果我有一个像比尔·盖茨那样富有的父母多好，那样就可以挥金如土，想买什么就买什么；如果我有一个英俊温柔又多金的老公多好，那样就能成为世界上最幸福的女人；如果我有一个貌美如花的妻子多好，那样世界上所有的男人都会羡慕我……很多人的内心深处都会生出这样的愿望，然而别人当真能靠得住吗？俗话说，靠山山倒，靠水水干，靠人人跑。世界上没有什么是能够绝对靠得住的，所以不要依赖任何人。

世人常常执着于某人或某物，甚至会生出浓浓的依赖之情。实际上，这不过是长此以往的习惯罢了，殊不知，这种习惯也是痛苦的根源。万物的本性早已决定，除了自己谁都不是绝对可靠的。

小时候，我们依赖家人而成长，所以失去亲人时会号啕大哭，痛苦不已。长大后，绝大多数人都会步入婚姻殿堂，于是，开始依赖伴侣，而且天真地以为伴侣会陪伴着我们上天堂下地狱，无所不能及，然而当生离死别摆在面前时，一切海誓山盟都显得那般脆弱。独活于世的人在思恋中苦苦煎熬，而死者却无法知晓。太过依赖伴侣，哪怕阴阳两隔也放不下，于是只能在风烛残年中郁结揪心。

所以，无论如何都不要轻易去依赖一个人，不管这个人是我们的父母还是爱人，抑或是朋友，因为一旦依赖便会成为一种习惯，当把对方当成精神支柱时，一旦失去，那么不仅仅是离别那样简单，而是整个精神世界的崩塌，这对于一个人的打击是毁灭性的，一旦没有了精神上的支撑，我们便只能行尸走肉般地活着，所以，不如学会独立，只有做到了精神独立才能在人生路上行走得更为坦然。

大卫与本同在一家公司就职，两个人虽然都是工程师，但脾气秉性与抱负追求却是截然不同，但两人却借着同事的关系成了好朋友。实际上，两人的友谊是建立在依赖基础之上的。大卫比本早进入公司，而且在工作中的技能也更加娴熟，所以理所当然地成了本的“师傅”，在工作上，两人以师徒相称，无论本在工作当中遇到了什么样的难题，都会在第一时间想到向师傅求助，于是久而久之，本在工作上对大卫产生了很强的依赖性。即使是哪天大卫请假没来上班，本都会感到十分不安。

一天，工作之余，大卫有意无意地透露了一个消息，一家大公司向自己抛出了橄榄枝，而且许诺的职位是首席工程师，待遇更是比现在高了整整一倍，对于大卫来说，这实在是一次不容错过的好机会。然而本得知这一消息后，却是闷闷不乐，凭技术自己远远不如大卫，而且在公司也没有什么人可依靠，大卫这一走，自己可怎么办呢？不过转念一想，大卫既然都能成为首席工程师，那么，只要自己跟着他，凭着两人的关系，自然也能谋得一份薪水不错的差事。

经过一番思量之后，本将自己的想法告知了大卫。对此，大卫显得很高兴，将自己知道的所有相关情况一一告诉了本。半个月后，大卫办好离职手续，并顺利成为新公司的首席工程师。新公司恰逢人员紧缺之际，人事部发出通知，告知全部员工，可以内部举荐一些可用之才，逢此机会，大卫自然而然地举荐了老同事本。

得知消息的本十分开心，以为只要举荐便可以高枕无忧了，说不定薪水可以像大卫一样翻一倍，看来大卫真是一棵大树，俗话说背靠大树好乘凉，以后就跟大卫混了。一个星期后，本果然接到了该公司的邀请。原以为一切都水到渠成，然而当他如约到达人事处时，才发现事实并非如此。

招聘人员给包括本在内的所有应聘人员发了一张工程图纸，要求各位找出图纸中的错误，尽管有一定工作经验，但以前每每遇到问题，都是向大卫求助，所以本根本看不出问题在哪，虽然眼前的图纸很熟悉，但他只能大眼瞪小眼，根本看不出个所以然来。所以，结果自然不用多说，他并没有通过这次考核，原来想着依靠大卫谋个高薪职业，谁知道竟会碰了一鼻子灰。

依靠他人生存的人，就如故事中的本一样，终究很难心想事成。古人常说，秀才不怕衣衫破，就怕肚里没有货。像大卫一样，肚子里有真才实学的人，无论走到哪里都能闯出一片天地，反之只能依赖他人存活的人，是不可能干出一番大事业的。即便是依靠他人扶持，一时之间飞上了枝头，也不会风光太久。

诚然，依赖能够让我们安心，甚至感觉到幸福，但它同时也是一种束缚，不管是人还是物，一旦我们对其产生了过度依赖，那么，无形之中就会被其牵动。心动，那么人难免为之所累。未成年之时，依赖父母是一种本能，因为唯有依赖他们，我们才能顺利长大。然而人生路漫漫，父母无法陪我们走到最终，所以必须放弃依赖，哪怕是胆小，哪怕走得跌跌撞撞，也必须独自走上属于自己的旅途。

7. 人生无常，心安即是归处

人们常说三十年河东，三十年河西，今天的你无比风光，但谁知道明天会怎样？过去的落魄小子，能成为今天春风得意的大老板；今天得意扬扬的行业巨擘，说不定明天就会被人们所遗忘。人生处处都充满了变数，每个人在命运面前都是那般渺小，面对这种沧海桑田的巨变，谁都无能为力，既不能掌控，更不能预知福祸，那么不如保持一种淡然的心态，积极面对眼前所发生的一切，只有这样才会少点烦恼，多点幸福。

即便人因思想而高贵，也终究抵不过生死轮回的宿命。此时花开，就注定了会有彼时的花落，人生又何尝不是如此？得意之时往往早已埋下了日后祸患的种子，种因得果，世间之事，莫不如是。得也好，失也罢，富也好，祸也罢，既然注定不能躲过，那么何苦整日担惊受怕，反倒不如一笑而过，不埋怨，不抱怨，不自暴自弃。做到了心淡如水和虚怀若谷，自然也就没了喜怒哀乐的纠结。

一个鲜活的生命可能瞬间陨落，连生死都这般无常，更何况是福祸。除了生命本身，所有的一切不过是生不带来，死不带去，所谓的福祸不过是表象而已，如果执着于一时的好坏得失，那么自然会被身外之物困扰，又哪能看透生命的纹理？

祸兮福之所倚，福兮祸之所伏，机遇中很可能暗藏杀机，逆境中也不乏千载难逢的机遇。道理虽然简单，但又有多少人能够面对得失不悲不喜呢？在现实社会中，多少人因为升职加薪而沾沾自喜，又有多少人因为事业遭遇瓶颈而苦闷不堪？祸起萧墙后的苦苦挣扎，否极泰来后的喜极而泣，这些都是人性的脆弱，烦恼的根源。所以，何不保持一种淡然的心态，闲看庭前花开花落，坐观天边云卷云舒。

漂亮的安雅如今可是令姐妹们羡慕的对象，大学毕业后她凭借着过硬的专业技能进入一家知名杂志社，不出两年便在杂志界崭露头角，事业丰收的同时，感情之路也颇为顺畅，尽管安雅外表十分出众，可大学期间从未谈过恋爱，直到毕业，还被姐妹们拿这事取笑，也许是月老记挂，工作半年后，安雅结识了一位年轻帅气的广告公司经理。

两人一见如故，很快就坠入爱河，交往了一年多仍然甜蜜如初。恋爱中的安雅简直就像公主一样被男友捧在手心，上下班的接送，生病时的悉心照顾，接踵而至的礼物和惊喜。工作事业的双丰收让她意气风发，所以自然惹来了一众姐妹的羡慕。

然而，天有不测风云，人有旦夕祸福。正当安雅与男友筹备婚礼时，意外突然发生了。那本是一个充满浪漫与温馨的周末，安雅笑得一脸甜蜜，因为这天可是去订婚纱的日子。谁知，两人在前往婚纱店的路上惨遭车祸，安雅眼看着一辆大货车横冲直撞而来，紧接着下一刻便失去意识倒在了血泊之中。

当她醒来时，已经被送进了医院。“他怎么样?”安雅看着陪在病床前的父母焦急地问道。然而父母并没有回答她的问题，而是模棱两可地回答道：“乖女儿，现在什么也别想，先养好身体再说。”“他怎么样，告诉我，他到底怎么样?”安雅像发了疯似的追问。

短暂的沉默后，她被突如其来的噩耗惊呆了，他走了，那个深爱自己的男人居然就这样悄无声息地走了。说好到夏威夷度蜜月的，说好要相守一辈子的，然而这一切却瞬间成了泡影。车祸造成安雅腿部严重骨折，后半辈子她只能靠着拐杖和轮椅生活了。一场车祸，夺去了爱人的性命，夺去了自己的健康和事业，从姐妹们羡慕的公主到如今一无所有的残疾人，安雅哪里能够承受住这样的打击，尽管父母一再开导，但她仍然日日寡欢，再也没有一点生气。

谁都不知道，祸患什么时候就会突然降临。相信不管是谁遭遇了安雅这样的事都会悲痛万分，甚至精神萎靡。然而一味地折磨自己没有丝毫意义，既无法改变现状，也苦苦浪费了原本美好的生命。逝者已去，而活下来的人还有很长的路要走，与其在苦痛中苟延残喘，不如坦然接受事实，好好活下去。

不管我们是谁，扮演着怎样的角色，都避免不了遭受各种各样的不幸。父母的离去，婚姻的破裂，事业上的失败，疾病的困扰……命运就是这样，在给予我们鲜花和掌声的同时，也会夹杂着凄风苦雨。当不幸突然降临，抱怨上天的不公毫无意义，自暴自弃，破罐子破摔也不可取。每个遭遇困难的人，都应当像贝多芬一样“扼住命运的咽喉”，而不该屈服于命运的淫威，更不该颓然倒下。

生活原本就是有福有祸，然而任何事情都具有两面性，突如其来的困难也许正是黎明前的黑暗，只要我们抗争、挺立，总能熬过黑暗，迎来光明。所以，不要因为一时的不幸萎靡不振，更不能因此而放弃自己，放弃美好的生活，只要我们积极乐观地看待每件事，总会迎来转机。人生虽然无常，但只要拥有一颗安稳的心，又何愁没有安身之处呢？心安，那么，生活依旧美好如初。

第三章

苦才是人生

哲学家爱默生曾经说过："生活的乐趣，取决于生活者本身，而不是取决于工作或地点。"其实人生本来就是苦，活是苦，死也是苦，有钱是苦，没钱也是苦，然而又有多少人能够看透这一点呢？

1. 苦不是人生的全部，但没有苦就不是人生

受了委屈是苦，事业受挫是苦，亲人离世是苦，失恋失业更是苦……谁又敢说自己的人生之中没有苦呢？正如大师索达吉堪布所说，“苦才是人生”。但苦不是人生的全部，生活中也不乏快乐与甜蜜，有朋自远方来，自然是不亦乐乎，和相爱的人紧紧相拥，甜蜜瞬间便占满了整颗心。没有人能够从痛苦中逃离，既然如此，那么就不要逃避，坦然面对人生里的种种苦难，学会忘记伤痛，铭记快乐与幸福。

人类的痛苦分为两类，身苦与意苦，上等的人要承受心理上的痛苦，如竞争压力，“高处不胜寒”的孤独以及接踵而来的精神苦恼等；小人物也有痛苦，缺衣少食是苦，高强度的劳动是苦，微薄的收入也是苦。人生原本就不圆满，唯有在苦中顿悟大道，才能找到通往快乐的阶梯。

说到人生中的苦处，想必每个人都有一大箩筐的苦涩可

以倾诉。但苦并非让人消极，更不是让人们像祥林嫂一样去四处传播自己的苦，而是明白苦的真正根源，从而学会如何化苦为甜。生活中有不少人，一旦遇到苦难便觉着人生毫无意义，更有甚者直接悲观厌世，于是只能苦上加苦，越发失去了生的信念。生活就是一面镜子，你对它笑，它才会对你笑，你对它哭，那么，我们看到的也只能是一张沮丧的脸。所以，不要因为尝到一点苦头就否定快乐，否定人生。

仔细想一想，人生还有很多快乐的事情，世间正是因为有苦，所以才会有甜。疾病缠身纵然痛苦，但恢复健康难道不是一件值得开心的事情吗？整天被债务搞得焦头烂额，但有吃有喝不应该感到满足吗？合家团圆、经济富裕、旧友相逢、事业又上了一个新台阶，这些都是难得的快乐事。谁都会遇到不如意的事，倘若一点不如意便给人生扣上苦的帽子，那么就是心存偏见了。

俗话说血浓于水，在现实生活中，有相当一部分都承受着亲人分离之苦，大卫也是其中的一员。就在两年前，大卫和相恋三年的女友艾玛终于走进了婚姻的殿堂，新婚伊始两个人自然是如胶似漆，很快便有了爱情的结晶。看着带有自己血脉的小家伙，大卫说不出的高兴，然而一家三口其乐融融的日子很快就被打破了。

就在前不久，由于公司人事调动，大卫不得不去离家两三千里的外地工作一段时间，妻子得知这一消息后尽管很不乐意，但也只能接受这样的事实。由于儿子还小，大卫又不能帮忙照顾，艾玛只好辞职专门在家照顾儿子。在艾玛眼中，大卫绝对是一个模范丈夫，尽管工作十分忙碌，但一回到家就会主动承担起照顾儿子的重任，所以她相对来说轻松不少。如今，大卫不在身边了，她一个人照顾孩子实在是力不从心。

儿子已经快满一周岁了，正是学习走路和说话的关键时期，艾玛白天要弯着腰一步一步地扶着儿子学习走路，晚上好不容易等他睡着了，还要承担所有家务。一个女人带着孩子，丈夫又不在身边，心中怎么可能不苦呢？实际上，大卫远离妻子和孩子也并不好受，想着可爱调皮的儿子正在一天天长大，而身为父亲的自己却不能陪伴，实在是人生一大遗憾。天知道，大卫是多么疼爱自己的妻子，在外地工作又怎会不思念爱人。

正如天下没有不散的筵席，谁也避免不了遭受亲人分离之苦，这种分离可能是短暂的，也可能漫长无期，但唯有忘记分离之苦，好好享受在一起的快乐，才能品味到生活的乐趣。艾玛一个人带孩子尽管心里有说不出的委屈，但每天晚上接到丈夫的电话，都是那般甜蜜。这点委屈算什么，只要有丈夫的关心，每天都可以是甜的。大卫远离亲人，心中自然免不了落寞，但只要一想到爱人的关心问候，还有小家伙学走路的视频，心中总是会被幸福装得满满当当。

大卫夫妇被迫分离，心中难道不苦吗？有苦才是人生，但苦却并不是人生的终极意义，每个人自从来到这个陌生的世界上，穷其一生都在寻找幸福，而苦不过是一个必经过程而已。佛曰，无常故苦，任何事情都会发生变化，健康不能长存，每个人都会随着时间经历生老病死；财富也不能伴人终生，散财聚财有时候只在一瞬之间；在权力的高峰上，往往攀登得越高摔下来也就越惨；人与人之间更是聚散无常。正是有了这些变化，所以人生才会如此之苦。

有苦才有乐，有悲才有喜，以这种变化的眼光来看，所有人都不会永远痛苦下去，也不会永久地快乐幸福，我们都是普通人而不是造物主，面对即来的苦与乐，既没办法避过苦难，也没办法延长快乐，所以唯一能做的就是当痛苦来临时，坦然面对，当痛苦过去了，那么就要学会遗忘。唯有那些快乐和甜蜜的事才是值得我们铭记的生命宝石。

每个人都是生命的蜜蜂，有人把“苦”酿成了“甜”，也有人把“甜”酿成了“苦”，是生活在苦海之中还是停留在幸福的云端，全都在于我们的一念之间。身处困苦时，不要灰心，不要失望，更不要用叹息毁灭自己，笑一笑乐观地面对苦难，我们就会发现，其实一切都没有那么糟糕，多想想曾经的快乐回忆，阳光照进来了，心中的阴霾自然会消散殆尽。有苦才是人生，但苦不是人生的全部，追求幸福才是生命的终极意义。

2. 人生不如意，十有八九

坏事不会天天来，但同样好事也不会天天有，所以人们常说“人生不如意十之八九”。伤心事、苦心事、烦心事、痛心事……人非神仙，既有七情又有六欲，所以当遭遇人生中的不如意之时，又怎能不沮丧？尽管这些事情常常使我们困扰，但除去这些烦心事，也总是会有春风得意之时，不如意的时候多想想得意的时候，唯有积极的正能量才能支撑着我们战胜种种的不如意，并最终得偿所愿。

逢年过节，我们都会给亲人、爱人以及朋友等送上“万事如意”的祝福，虽然仅仅是四个字，但却是凝结了人世间最美好、最深切的愿望。正是因为在现实生活中谁都不可能事事顺心，所以才会衍生出如此美好的愿望和祝福。但愿望终究是愿望，即便有了这些发自真心的祝福，生活之路依旧不会改变自己的曲折和坎坷。

也许每个人都有自己的命运，但在这漫漫人生路上，谁都免不了与忧愁伤痛相伴。当原本的幸福在现实面前支离破碎，当经济的拮据已经演变成苦难的主题，当深深的爱恋被原封送回，不如意之事常常有。假如生活欺骗了你，不要悲观不要失望，只要我们相信未来，前边就是一路阳光。每个人都应该对生活充满希望，哪怕是蜘蛛网无情地查封了我的炉台，哪怕是灰烬的余烟叹息着贫穷的悲哀，我们依然应该固执地铺平失望的灰烬，用乐观写下“坦然对待”。

皮特是众多上班族中的一员，然而最近一阵子他遇到了太多不如意，所以心情一度十分沮丧，夜深人静的时候他时常觉得人活在世界上，怎么快乐的事情就这样少呢？皮特上班的公司离家并不远，然而偏偏要经过三个十字路口，每个路口都有交通灯，如果一路绿灯的话，20 分钟准时到公司，可是一路红灯就十分让人郁闷了。

周一往往是最忙碌的时候，由于周末晚上参加朋友派对折腾到很晚，所以当闹钟响起来的时候，皮特厌烦极了，心里想着多睡十分钟吧，开车不会那么倒霉，都遇到红灯，就多睡十分钟。紧接着他又陷入了梦乡，十分钟后闹钟再次响起，他像安装了发条一样开始起床，然后急急忙忙收拾完，开车出了门。

眼看着距离上班时间越来越近了，可是皮特还在等红灯。怕什么来什么，第一路口是红灯，第二个路口还是红灯，第三个路口依然是红灯，坐在驾驶位置的皮特焦急不已，一遍又一遍地看表，可红灯还在不紧不慢地走着自己的步调，天知道此时的他都快急疯了，要知道周一可是最忙的时候，好不容易急急忙忙到了公司，很不幸皮特迟到了五分钟。

然而更大的不幸还在后边，在他匆匆赶往办公室的路上，正好撞见了公司老总，皮特很尴尬地打了招呼，尽管老总并没有说什么，但皮特从他的脸上明显看到了不悦。刚坐到办公桌前，经理助理艾玛敲门进来传达工作，皮特必须得在 10 点钟之前做出上个季度的工作总结以及销售量报表。做报表、见客户、制订未来工作计划、召开工作会议……一天的繁忙终于告一段落时，皮特也沮丧到了极点。

从早晨的红灯到工作迟到、撞见领导……短短的一天而已，怎么就会有这么多不顺心的事，好不容易回到家才发现本来想好要买的食物没有买，现在冰箱里什么都没有了，忙了一天的皮特还得拖着疲惫的身躯去市场。更糟糕的是由于周末狂欢，皮特昨晚睡眠就不足，经过了一天繁忙的工作后，此时的他昏昏欲睡。尽管每天都有诸多的不如意，但生活总得继续下去，所以不如轻松快乐点，让那些不愉快统统见鬼去吧！这样想着，皮特拨通了外卖的电话，随手打开了音响，躺在沙发上一边欣赏着音乐一边等待自己的晚饭，心中的不如意早已被音乐中的快乐音符所代替。

生活就像海洋，有短暂的风平浪静，但更多的却是波涛汹涌的海浪。实际上皮特就是我们很多人的生活缩影，这些小事看似没有什么杀伤力，但却能够轻而易举地破坏我们的好心情。有些人对这些小麻烦一笑置之，而有些人则会将其归结于自己倒霉，两种人相对比，哪一种更容易快乐呢？毫无疑问是前者，既然如此，为什么还要因为一时的不如意而毁掉整天的好心情呢？

唉声叹气自认倒霉，自叹“时乖运舛”，这都不是明智的选择。积极的心理暗示能让人在苦中作乐，而在消极的心理暗示下，快乐也会变成痛苦。谁都会遇到不如意的事情，关键在于我们如何看待，微笑以对，那么所有不如意都会烟消云散，拧着眉头，没有痛苦也会为赋新词强说愁，潜移默化的消极心理暗示下就真的成了愁。所以不管我们在日常生活中遇到什么不如意，都要学会微笑，学会乐观地面对一切。

与其在不如意的进攻之下节节败退，不如做一名生活的勇士，因为不管我们怎样叹息都无法改变现实，人生不如意之事本来就是十有八九，一味地抱怨是没有任何积极作用的。学习上、工作上以及家庭上、人际关系中等，不管是在哪一方面不如意都会深深影响我们的生活质量，既然唉声叹气地抱怨是没有用的，那么，不如坚强地面对接踵而来的麻烦，笑对人生，绕过烦恼也饶恕自己。

3. 一切苦乐，都是心在作怪

“有粮千担，也是一日三餐；有钱万贯，也是黑白一天；高官厚禄，也是每天上班……”，这是网络上流行的一段经典语录，它暗示了一个平凡的道理，那就是把心态放平，因为每个人的生活都需要自我解脱。苦也好，乐也罢，皆由心生。苦与乐的观念在于心。无论是放下苦难还是追寻快乐，都是一种生活心态。人要懂得取舍，学会拿得起放得下，学会平淡地看待每一件事物，切不可为了某种执念而陷入万劫不复的深渊，亦不能在失败和失意中自我消极自寻烦恼。

人生有八种苦难：生、老、病、死、怨憎会、爱别离、求不得和五阴炽盛苦。

这里所说的八种苦难，其实只是人生要经历的八种社会形态，之所以给它加上一个“苦难”，是因为人们给它们增加一定的感情色彩，把自己的感情融入其中了。归根结底，苦难的根源在于心境。与其在苦难中挣扎，不如在苦难中重生，摆脱苦难进而进入快乐的天堂。

随着经济的快速发展以及物质生活的极大丰富，不少人都过上了富足的生活，然而这并不代表着人们的幸福感也随之上升了。如今，不少有钱人，虽然住的是豪华别墅，开的也是豪华跑车，但夜深人静之时却常常失眠，即便是依靠药物强行入睡也依然难以缓解精神上的疲惫。看看那些位居高位之人，尽管在别人眼中荣华无限，但眼眸里却也是掩盖不住的疲惫之色。实际上，苦乐与物质条件并没有太大关系，巨额的财富带不来快乐，再高的权势也无法给生活增添快乐因子。

平和的心态，即使身陷困苦之中也能自得其乐；如果内心早已被权势、金钱所蛊惑，那么注定只能在汹涌的波浪之中受尽苦楚，自然无法体味得到岸上平静生活中的快乐。人生中的一切苦乐都是心在作怪，守住自己的心那么就守住了快乐，遗失了自己的内心，那么快乐与幸福就好比是“青鸟”，寻寻觅觅依旧难以找到它的影子。对于我们普通人来说，要想拥有快乐的生活，就一定要学会修心，学会调节自己的心态。

曾经有一个绅士在路上看到这样的一幕：一个村夫的双

脚被秃鹰啄食，靴子和袜子都已经破烂，并被鲜血染红。村夫却在那里忍耐着疼痛。绅士便问村夫：“秃鹰啄你的脚，难道你不疼吗?”村夫答道：“疼，但是我开始反抗的时候被秃鹰抓伤了脸，我宁可牺牲这双脚。”后来绅士告诉他可以直接用枪将秃鹰打死时，村夫很是惊喜地请求绅士的帮助。绅士很乐意帮助村夫，于是决定回去拿抢，让村夫忍耐一会儿。村夫一边忍受着秃鹰残忍地啄食自己的双脚，一边期盼着绅士能将枪拿来解救自己。

然而，就在绅士转身的那一刻，秃鹰突然一跃而起，向后飞了一段之后，又用尽全身力气冲着村夫的喉咙飞去。紧接着，秃鹰将它的利喙深深地刺进了村夫的喉咙，村夫等不到绅士拿枪救他了，不过值得庆幸的是，此时的秃鹰也因为用完了最后一丝力气，倒在村夫的血泊中。

读完这个简短的故事，或许会有不少人暗暗觉得村夫过于愚蠢，秃鹰啄食自己为什么不懂得反抗呢？为什么非要等着绅士来拯救呢？然而现实中的我们实际上并不比故事里的村夫更聪明。为了能够得到更好的发展，劳伦将家里的所有资产拿去投资小型制造业，不料一场经济危机来临了，他的产业不仅没能得到发展，反而因为卖不出产品而只能宣告破产，一夜之间劳伦从富有变得一无所有。事业的失败和资产的归零让他一蹶不振。在那段日子里，他离开妻儿开始流浪，由于心中时常放不下这样的事实，他甚至试图跳湖自杀。

一个偶然的机会，他看到了一本书，书中说可以帮助他走出困境，于是他千方百计找到了书的作者，说明来意，并期待得到这位作者的帮助。然而作者却告诉他："我根本就没有任何帮助你的办法。"就在他再次陷入沮丧时，作者告诉他可以帮他引荐一个人，劳伦用期待的眼神等待着。紧接着，作者将他带到了镜子面前，然后意味深长地说道："我介绍的这个人就是你自己，只有你自己可以帮你。"

不管是对被秃鹰啄食的农夫来说，还是对被失败打击的劳伦来说，能救他们的唯有自己。苦与乐，关键在于我们如何来管控自己的那颗心。看着镜中满脸胡须的样子，劳伦突然间明白了失败并不能决定什么，能够决定苦乐的是自己，是自己的心。不久后，他再次出现在市区的大街上，他气色甚佳，西装革履，干净整洁，如今他已经找到了一份年薪几万美元的工作。

镜子中的自己不能说明什么，也许有人看到自己邋里邋遢的样子反而会丧失信心。但故事中的劳伦却没有，因为他明白只有自己坚强地从苦难中走出，才能找到通往幸福的路。一直沉浸在失败的阴影中，并以此为折磨自己的工具，这实在不是一个明智的做法。生活如此美好，生命如此短暂，我们怎能忍心用大好的时光去贪婪地品尝痛苦呢？世界上永远都没有过不去的坎，不管多苦，只要心是甜的，那么生活总是会好起来的。

没有谁是一帆风顺的，也没有谁是天生幸运的。对于顺境中那些快乐的、幸运的东西，我们要怀揣着感恩之心去对待；而对于那些逆境中的不幸和苦难，理应勇敢地面对和克服，千万不要像村夫那样自甘堕落、放弃自我，唯有像劳伦一样重新鼓起生活的风帆，我们才能找到不小心遗失的自信和勇气。

“不经历风雨，怎么见彩虹？”只有那些在逆境中不被打倒，并勇于摆脱逆境的人才能拥有最美丽的快乐。事态的发展皆有心来主宰，沉浸在苦难中自然痛苦，享受于快乐中自然开心。生活中敢于和逆境较量是一种勇气，勇于追求快乐是一种积极的生活态度。万事切莫太较真，不要自我折磨，只有亲近快乐而远离痛苦，生活才会更美好。

4. 没有命中注定的不幸，只有死不放手的执着

每个人都有七情六欲、亲情温馨、爱情甜蜜，然而美好的感情有时也能毁天灭地。“如果说爱上你是一个错，我愿意一错再错”，看似痴情的背后实际上则是死不放手的执着，只是，这样的执着只会伤了对方，毁了自己。生命中从来都没有注定的不幸，正是心中那牢固的执着，让我们迷失了自己，继而像飞蛾一样，奋不顾身地冲进火海。但飞蛾扑火并非是因为勇敢，而是因为懦弱，因为它无法战胜自己心中的执着。

澳大利亚著名作家考琳·麦卡洛在《荆棘鸟》中曾经说道："鸟儿胸前带着荆棘，它遵循着一个不可改变的法则。她只是在歌唱中死去，丝毫没有意识到死亡的降临。但是，当我们把荆棘扎进胸膛时，我们是知道的。我们是明明白白的。然而，我们却依然要这样做。我们依然把荆棘扎进胸膛。"或许很多人对这一选段并不陌生，但在现实生活中果真有人心甘情愿地把荆棘扎进胸膛吗？

我们明明知道对方已经不爱自己，却不愿意放弃那份对爱的执着，所以任凭爱的荆棘狠狠扎进胸膛而毫不反抗；我们明明知道再拼命工作下去，身体健康状况会越来越差，但却不愿意放弃对欲望的执着，所以任凭欲望的荆棘狠狠插入胸膛。可是爱情、金钱、权势真的能够麻痹那些被荆棘刺伤的心吗？是的，一点也不能。夜深人静之时，我们辗转反侧，焦思忧虑一点也不快乐。是啊，一颗被俗世间荆棘刺得千疮百孔的心怎么可能快乐呢？

"你若不离不弃，我必生死相依。"这是人们对爱情信念的一种执着，是勇于承担责任的一种体现，更是对爱情的美好诠释和讴歌。杰克是美国的一名飞行员，整日与训练机为伍，他热爱自己的飞行事业。年轻帅气的他，有一个相恋五年的女友，女友露西身材苗条、心地善良，在当地一所学校当幼儿教师。由于工作问题，两人很少见面，只能电话来往。然而距离并没有疏远两颗心，他们的爱依然坚定不移。

天有不测风云，人有旦夕祸福，就在 2012 年的一天，露西突然接到一个坏消息：飞机毫无征兆地失事了，身为飞行员的杰克亦是下落不明。经过一天的搜救，杰克终于获救，但由于双腿受伤严重，为了保住生命必须做截肢手术。露西毅然决然地在手术单上签了字，几个小时后，手术成功结束，然而杰克的后半生却只能与轮椅为伴。一场灾难，让原本健硕无比的飞行员变成了残疾人，作为当事人，杰克怎能忍受这样的变故，于是他对生活失望了，甚至觉得露西也要离他而去……

一天天过去了，露西悉心照料着杰克，帮他擦洗身体，推他出去晒太阳，给他做按摩，跟他讲故事，看他不开心的时候还会唱歌给他听。这一切让杰克产生了新的忧虑，他觉得露西这样跟着自己太委屈了。直到出院，露西依然陪伴照顾他的起居，长期的操劳让原本漂亮的女友逐渐有了疲惫神色，看着她疲惫的面庞和饱经风霜的眸子，杰克终于忍不住了：“你现在就走，马上离开，现在的我给不了你幸福。”露西没有多说什么，只是微笑着握着爱人的手说道：“你若不离不弃，我必生死相依。”

不久后他们结婚了，婚礼简单但很温馨。5 年后，露西失去了原有的苗条，乍一看像个中年妇女，然而此时的她只有30 岁。从 25 岁开始，她便守着截肢的丈夫，日夜操劳，由于每天都要背着截肢的丈夫上下车，她的身体健壮得不再像女人，而这一背就是 5 年。有人问她累不累，会永远背下去吗？她回答道：“身体的累算不了什么，我们很相爱。即使他走不了，我依然可以陪着他去任何地方，我们很快乐。我怎么会抛弃他！”

生命中没有注定的不幸，就像故事中的杰克和露西，或许在绝大多数人看来，杰克的残疾绝对是不幸，但只要放弃心中的执着，不幸也能酿成幸福的蜂蜜。被截掉双腿的苦痛就像荆棘一样扎进了杰克的心中，如果没有露西，或许杰克会一直沉沦在不幸的深渊，而看不到眼前的幸福。不幸还是幸运，都只是在人的一念之间而已。当我们的眼睛紧紧盯着自己的不幸时，当我们的心紧紧执着于命运的不公时，那么眼前再多的幸福也会被忽视和掩盖。不要再对自己的不幸执着，放下执着，不幸也能开出幸福的花。

灾难可以夺去人脆弱的生命，却无法抵挡人与人之间的真情，在生死攸关或者危难的时刻总能显现人性的伟大、爱的伟大。每个人都会不可避免地碰到一些不尽人意的事情，并非命中注定。然而当我们执着于这种不幸，一味地埋怨、责备时便是不幸的了。既然明明知道是锋利的荆棘，又为什么非要刺进自己的胸膛呢？既然我们是知道的，是明明白白的，那么就学会放弃对不幸的执着，勇敢地去拥抱属于幸福的曙光。

种因得因，种果得果，执着于美好的追求，自然能够体味到人间快乐，执着于人生的不幸或者命运的不公，那么只能日日忍受放大不幸带来的困扰与精神折磨。美好的执着自然值得我们坚持，而错误的执着则该毫无留恋地抛弃。一旦在错误的执着中迷失了自我，偶尔的不幸便会演变成无法逃脱的烦恼泥沼，将快乐的我们完全吞没。

5. 生命只是一场体验，没有谁是谁的永远

都说“人生如戏”，这话确实有些道理，人从出生到生命的结束，谁能说不是在演绎人生呢？在这场戏里，自己就是主角，决定着戏中每一段喜怒哀乐。你是一场戏，我也是一场戏，你有你的光彩夺目，我有我的平凡简单。但上帝是公平的，任何一种生活的表象背后都会藏有另一种意外。生命只不过是一场体验，谁都不会是谁的永远。

我们每一个人都拥有平等的生命。但并非每个人都懂得生命，乃至于珍惜生命。不了解生命的人，生命对他来说，是一种惩罚。生命是生活的一种经历，懂得珍惜生命的人，会在任何环境中爱护自己，了解生命的人，会在任何环境中解脱自我，生命需要被每一个人来珍惜，这样我们才能在生命中体会到真正的价值。

其实社会上有很多人都不懂得珍惜生命，总感觉没有别人出身高贵，没有别人漂亮，没有别人聪明……以至于抱怨生活，自卑地活在别人的世界里，身心俱疲。人为什么不活在自己的世界里呢？外界的条件无论怎样的恶劣和不堪，活

在自己的世界里，演绎自己的人生，找寻自己的快乐和幸福，只要心中有一盏点亮希望的灯，失望和绝望就会远离。何必还会抱怨生活。

比起一生都生活在黑暗中的安康鱼，我们人类显然更幸福得多。白天，太阳可以照亮我们，在阳光下玩耍；夜晚，月光可以温柔地照我们入眠。我们可以看到植物的美丽，可以品尝食物的美味，大自然就如同我们的乐园一般。生活中偶尔的一点瑕疵、一点压抑又能算得了什么？就连生活在黑暗沉寂的深海中的安康鱼都能用身上的光芒点亮它们的生活，我们人类又岂能让生命处于失望和绝望之中呢？

20 世纪的欧洲，有一位集美丽与艺术为一身的著名高音歌唱家。她年纪轻轻，不到三十就已经红遍全球，受到全世界歌迷的热烈追捧。更为难能可贵的是，与她的歌唱事业一样，她还有一个与她相亲相爱的丈夫，幸福美满的婚姻生活实在是羡煞旁人。在歌迷们眼中，她是事业与婚姻双丰收的美丽女神，然而有时候事情往往不能看表面。因为上帝永远都是公平的，聪明的人往往不漂亮，而不漂亮的却往往更有毅力。那些看起来完美的背后永远都隐藏着不为人知的一面。

那是一次普通而又带有特殊意义的演唱会，按照计划演唱会在邻国十分顺利地筹备完成，演出现场更是空前火爆。演出结束后，她与老公、儿子准备离开会场时，却被热情的歌迷团团围住。歌迷们纷纷想与她亲密交谈，而且对于她的家庭十分感兴趣，都想了解到她更多的私生活。

歌唱家被大家围在人群的中央，而周围的歌迷则是你一句我一句地纷纷提问，她无法一一回答，只是静静地倾听。"那个站在她身边的男人是她老公吗？真的好帅啊，据说他还是一个腰缠万贯的金融界大佬呢！""她身边的那个男孩是她儿子吗？你们看那孩子笑得多可爱！"……

大家的话音刚刚落下，她面带微笑，礼貌地向大家表示感谢："谢谢大家对我的赞美和祝福，我愿意把我的快乐分享给大家。但你们看到的只是生活的一部分。虽然我的家庭很幸福，儿子也很乖巧懂事，但他不能开口说话，不过我和丈夫依然疼爱他。在我家里，还有一个患有严重精神分裂症的姐姐，遗憾的是她不能正常生活，为了避免她伤到自己，我们只好把她常年关在铁窗里。"

听到这里，所有人都怔住了，你看我，我看你，再也说不出一句话。歌唱家平静地看着大家，然后告诉所有人："上帝是公平的，它给谁的也不会太多……所以珍惜自己所有的吧！"相信看了那场演唱会的人是幸运的，因为他们收获的不仅仅是一场美妙的听觉盛宴，还有一席心灵大餐。对于别人的生活，我们只能用眼睛去看，而眼睛看到的只是表面的东西。于是我们羡慕一些人、讨厌一些人，而真正懂得真相的只有亲自体验的人。

正如故事中的歌唱家所言，上帝是公平的。在现实生活中，在我们生活的这个社会里，也许有些人十分富有，但他们却未必快乐，一些漂亮的人未必善良，懦弱的人也未必一无是处，当我们再次对别人羡慕嫉妒恨的时候，多想想这些，或许就能找到生命的真谛。

不管我们身处怎样的环境都要爱自己，都要为自己点亮一盏灯，温暖自己的心房。因为上帝是公平的，在一个被你忽略的地方，也许就藏着苦苦追寻的幸福。一个光鲜人物的背后也有无奈与沧桑……生命只是一场经历，自己才是生活的重心，无论走在什么样的生命之路上，都要为自己披荆斩棘。生活应该活给自己看，而不是拿着别人的痛苦折磨自己。

6. 水至清则无鱼，苦恼皆因“一根筋”

每个人的内心深处，都有渴望完美的内心情结，然而事实却与人们的期许截然相反。看着现实生活中那些自私、贪婪、丑陋、恶毒的人们时，也许我们会从心底里感到失望。但水至清则无鱼，世界上原本就没有毫无瑕疵的美玉，即便被视为美丽象征的维纳斯也不可避免地缺了手臂。于是很多人开始筛选，开始用一只眼睛看世界，只看好的一面，不看坏的一面，如此一来，世界自然美好多了。然而并不是每个人都能如此释怀，总有一部分人喜欢睁大双眼，用自己的一根筋自寻烦恼。

人不是完美无缺的，社会也不是一尘不染的。要想在社会中更好地生存，就只能修炼人生的处事境界。曾有子张向孔子请教如何做官的道理，孔子问他：“知道古代圣明之君为什么要在帽子上挂上垂帘吗？”子张摇头，孔子接着告诉他：“挂垂帘以遮挡视线，软物塞耳以模糊听觉。水太清了就不会有鱼，人太苛察了也就不会有朋友。”

是啊，一个圣明的君主再圣明也不能一个人来执政为民，有人脾气倔强，说话刺耳，但只要廉政该忍让就得忍让，人非圣贤，谁能没点小毛病呢？治理国家尚且如此，更何况是工作和生活呢？在职场上，即便是高层领导，也不能太过于苛察，只有做到大事聪明，小事糊涂，尽量宽容，才能得到下属的拥戴，从而在工作中如鱼得水，反之则难以服众，最终落得孤家寡人的下场。

思嘉是美国哈佛大学的高才生，不管是在学校时还是参加工作后，能干的她总能成为人们眼中的焦点。在上司的眼中，她是个做事认真，对自己要求严格的优秀员工，也正是凭借这一点，她很快就被提升为部门经理。升职本来是一件求之不得的好事，思嘉也为此高兴了很久，但走马上任后，烦恼却接踵而来。似乎每一位下属都对她这个领导很是冷漠，尽管她为此思考良久，但还是没有找到原因所在。

在繁忙的工作中，一上午的时间眨眼即逝，眼看到了午餐时间，简单收拾了一下后，思嘉准备去吃饭，紧接着电话响了，原来是在附近上班的好朋友想约她一起吃午饭。身为中层管理人员，随时随地都要作好工作的准备，两个人刚坐到餐厅，思嘉就接到了下属的电话，原来是新来的皮特在处理订单时犯了一个常识性错误，她听完事情原委就气不打一处来，在部门会议上，她反反复复强调过多少遍，对于新人皮特更是特意关照过，然而如此低级的错误还是出现了，气愤的思嘉在电话中严厉地将对方斥责一顿。

吃饭期间，思嘉和好朋友说起升职后的种种不顺。实际上，一通小小的电话便暴露出思嘉身上一个极其致命的问题，那就是太精明。都说人生难得糊涂，然而每次下属犯了错误，哪怕是小错误，她也常常会严词警告一番，所以下属们暗地里自然不服气，借着工作的事情给她难堪自然也就不足为奇。

看到问题根源的好友见状开导她："用人其实和与人相处是同样的道理，你要多看对方的长处，不要总是盯着别人的短处不放。水至清则无鱼，如果凡事都太过认真，难免会得罪人，到时候只能是众叛亲离了。"然而她并没有把朋友的劝导当回事，依然我行我素，没过多久，领导便以不适合管理岗位而提拔了另外一名同事担任经理一职。

在现实生活中，与故事主人公犯同样错误的人不在少数，人至察则无徒，凡事不能太认真，该糊涂的时候就要装糊涂，该闭上一只眼睛的时候千万别把眼睛睁得太大。然而，很多人却并不在意这样的人生忠告，他们自命不凡，清高气傲，永远都是站在自己的立场上去衡量别人，在他们眼中装满的全是别人的缺点与不足。

的确，有些人确实才华出众，但却没有宰相的肚量；尽管学识渊博，但却少了应有的难得糊涂。或许这部分人在某一个领域可以实现他们的人生价值，但在管理上则缺少了为人处世的大智慧。工作中，不仅要学会做事，更要学习如何与同事融洽地合作。同事是业务上共同发展的合作伙伴，不是兴趣爱好相投的朋友，把对好朋友的标准用在工作上，自然难以驾驭。

生活的本质就是学习做人，不管是与同事相处，还是与朋友相交，都不能太较真。凡事切莫太认真，因为“一根筋”只能让自己陷入苦恼的境地。一边是坚持自我的执着，一边是难得糊涂的中庸，聪明与糊涂，究竟哪一个才是人生的大智慧呢？与其较真烦恼，不如大智若愚地糊涂；与其在“众人皆醉我独醒”的明白中烦恼，不如睁一只眼闭一只眼来得开心快乐。烦恼都是自己找来的，谁都不能强加给谁，放下了，看开了，所有的烦恼也就自然而然地远离了。

7. 舒服的日子辛苦着过，辛苦的日子舒服着过

都说“辛辛苦苦过舒服日子，舒舒服服过辛苦日子”。大家都知道天上不会掉馅饼，谁也不会走着走着就被金砖砸到，要想发家致富必须辛苦劳动，那些守株待兔的人只能一无所获，那些家财万贯却只懂得挥霍的人最终也只能一无所

有。唯有靠自己的努力去经营生活，才能获得真正的幸福与快乐。

人的一生，舒服也好，辛苦也罢，不过是短短的几十年，而并非永恒。既然注定会归于黄土，又何必在乎一时的辛苦与舒服。要学会舒服的日子辛苦过，如此才能积福，辛苦的日子则要舒服过，因为不值得为了一时的坎坷和挫折而郁郁寡欢，人生本就短暂，何苦自己为难自己。

生活在现实中的我们一定要训练自己，物质生活水平要降低，对生活环境要忍耐，切莫贪图享乐。有粮千担也是一日三餐，有钱万贯也是黑白一天，高官厚禄也是上班一天……这句话虽然说得直白，但道理却值得我们深思。

无论穷富都要如此经历，只是不管是穷是富，依靠自己能力把日子过得有意义才是生活的真谛。何为有意义？生活中的意义大多是精神上的，就如同富有，一定程度上它不是金钱的充裕，而是精神上的满足。是家和万事兴、是父母身体健康、是儿女长大成人……然而如果一个人只顾着挣钱却忘记了身边的亲人和朋友，那么不管事业多么成功，又有什么意义可言呢？

艾玛是一个靠救济金生活的普通母亲，丈夫在附近一家木材厂工作，而她则待在家中担负着照顾儿子的重任。尽管一家人在经济上十分拮据，在旁人眼中过得也十分辛苦，但艾玛却从不这样认为，如此平平淡淡的辛苦生活，她过得很舒服，每天早早起床给丈夫儿子准备早餐，然后看着一大一小两个人，一个去上班，一个去上学，还有比这更令人艳羡的吗？

又是普普通通的一天，艾玛一边哼着快乐的调子，一边在厨房烤面包，然而突如其来的噩耗打破了所有一切。丈夫在工作中不幸遭遇事故，早早地进入了天堂，要知道丈夫不仅仅是整个家庭的经济支柱，更是她的精神支撑啊，一瞬间艾玛觉得天都塌了，再辛苦的日子也可以舒服着过，然而没了疼爱自己的丈夫，哪里还能找到阳光？

短暂的悲痛过后，生活还要继续，为了给儿子提供必要的教育条件，也为了维持两人的生计，艾玛不得不出去工作。她到快餐店里打扫卫生，刷碗洗盘，在超市码放一打一打的商品，身兼数职的她有了一份不错的收入，生活也改善了不少。半年后，艾玛看准了商机，靠着自己的积蓄开了一家小店，她开心地忙碌着，儿子也十分懂事，每天放学都会在小店里帮点小忙，这让艾玛感动不已，是啊，没了丈夫的疼爱，还有儿子，只要有亲情的地方哪里都是天堂。

也许是天道酬勤，艾玛的生意一直顺风顺水，没过两年，她便连续开了五家连锁店，俨然成了当地的商业新星。终日忙着事业，陪伴儿子的时间自然越来越少，为了弥补对儿子的亏欠，艾玛给零花钱也是越来越大方，可是钱并不能解决一切，儿子很快沾染了各种恶习，甚至发展到了打架、和瘾君子鬼混，学业自然也随之懈怠。

因为缺乏必要的管束，儿子越来越不像话，甚至常常玩消失，老师都见不到人。当老师打来电话询问，儿子为什么好多天不来上课时，艾玛有些心慌，忙得晕头转向的她此时才想起来好几天没见儿子人影了。顾不得手中的工作，艾玛疯了一样发动所有力量去找人，终于在酒吧的阴暗角落里找到了，那一刻她哭了，没有责骂只有自责。

为了避免儿子沾染到毒品，她毅然决定放弃公司所有事务。处理好所有工作后，她撒谎告诉儿子："公司倒闭了，现在一分钱都没有，更加不幸的是房子也被抵押了。咱们只能靠救济金度日了。"

此后，她又开始回到了从前的生活，每天起床为儿子准备早餐，看着越长越高的他登上校车，然后开始做家务，洗衣服、擦地、准备食物、修理房子前边的草坪，到规定的时间排队去领取救济金。尽管日子过得辛苦，但在她看来却十分舒服，再也没有没完没了地加班，每天都可以陪伴在儿子身边，享受亲情带给自己的快乐。

也许并不是每个人都有像艾玛一样的经历，但俗话说三十年河东三十年河西，每个人的日子都是一条起伏不平的波浪线，有低谷，也有高潮。在现实生活中，有不少人在高潮时大肆炫耀，甚至挥金如土，膨胀得一度忘记了自我，实际上这种做法是非常不明智的，有福气的人都懂得惜福，不会惜福的人注定不能富贵一生。所以舒服的日子要时刻保持清醒，不能让一时的荣华迷失了生活的本真。

如今的中国正是财富迅速增长的时代，富二代更是数不胜数，他们有钱有权有势，然而却未必幸运，挥霍成了生活中牢不可破的习惯，炫耀也成了生活的追求目标，宝贵的生命只能在这种消耗中磨尽，一旦奢靡的生活终止，崩溃便成了唯一的结局。如果人们能像封号“爵士”的卡文迪许一样，懂得把舒服的日子过得辛苦些，那么不管是荣华还是破败，都能有尊严有意义地活出自己的精彩。

第四章

一念放下，万般自在

人生就是因为有太多放不下的事，生命才会如此沉重。背着沉重的心灵包袱，即使三步两步就是天堂，我们也会因为心事过重而走不动。所以，不妨把心中的杂念抛在脑后，一念放下，便可澄清空明，自由自在。

1. 心灵解脱须靠己，因为己是囚心人

一只老鹰被铁锁锁住了，一只鸟正巧从它身边飞过，它非常羡慕鸟儿的自由，于是想：为什么我这么倒霉，偏偏被枷锁锁住。想到这里，它更加愤愤不平，于是使尽全部力气挣脱枷锁，结果反而把飞翔的翅膀折断了。虽然脱离了枷锁，终于获得了自由，但却同时失去了翅膀，没了翅膀怎能飞翔？它血淋淋的身躯只能重重地落在地上，这无异于再次失去自由。其实真正锁住老鹰的不是那条有形的锁链，而是它心里的枷锁。它之所以感觉自己不自由，完全是因为一颗心早已被飞翔的欲望禁锢。

在现实生活中，能束缚我们的不是任何客观的人与物，而是内心深处的贪嗔痴，是自己给自己套好的心灵枷锁。有些人醉心于名利，有些人太在乎别人的褒贬，有些人渴望得到他人的肯定。欲望如此之多，必然会患得患失，于是心被

这些外物束缚得也就越来越紧。唯有淡泊名利，看淡得失，以平和的心去生活，心灵才能得到真正的解脱。

人们常说，“捉山中之贼易，捉心中之贼难”。外在的禁锢容易破除，心灵的囚室却是坚不可摧。不管我们从事怎样的职业，有着怎样的背景和过去，最重要的都是战胜自己，而不是向他人证明坚强。人生犹如战场，不是东风压倒了西风，就是西风压倒了东风，唯有自己才是最可靠的武器，所以不管别人是否看得起自己，我们都不能看轻自己。唯有看得起自己的人，才有自信破除心中的牢笼，才能赢得心灵的最终解脱。

海伦无意中发现老公皮特背着自己搞外遇，得知消息的那一刻她惊呆了，如此狗血的电影情结竟然会发生在自己身上。她一直深爱丈夫，平日里小心翼翼地经营着好不容易组建的家，然而最后却被老公的出轨打破，面对摆在眼前不可置疑的事实，海伦万念俱灰。

她首先想到了离婚，因为她再也不愿意跟一个背叛者生活，哪怕多生活一秒，都令她痛心不已。可皮特却并不愿意离婚，他耷拉着脑袋在海伦面前声泪俱下地哀求，说自己只是一时糊涂，以后绝对不会再犯同样的错误，并恳求海伦看在孩子的面上再给他一次机会。一想到孩子，海伦心里不免一痛，作为一个母亲，她怎能忍心让儿子生活在单亲家庭里呢？于是，她最终决定试着挽回。

然而，海伦再也不是以前的她了，那颗曾经充满爱的心早已经被多疑的铁索禁锢了，她爱猜忌，哪怕丈夫回家晚十分钟，也要大吵大闹一顿，因为在她看来，丈夫根本不值得信任，他始终都在撒谎。海伦根本管不住自己，只要一停下思考，脑海里就不自主的浮现出丈夫与其他女人一起相处的画面，每每想到这些，她就忍不住发疯。

为了让自己好受些，海伦经常强迫丈夫回答到底是她好，还是其他女人好，不管皮特如何回答，海伦都会陷入歇斯底里的疯狂。皮特说她好，她会觉得他在撒谎。如果说其他女人好，她又会动手砸东西。面对海伦近似变态的猜忌，皮特感觉自己快被逼疯了。

前几天一个服务员因为订餐的事给皮特打电话，海伦一听对方是女人，就要夺走丈夫的电话，自己问个明白。皮特并不认同这样的做法，他觉着海伦根本就是无理取闹，故意给他难堪，这种极度的不信任让他很受伤。但海伦根本不顾及这些，她甚至动手直接从皮特的手中抢手机，一拿到手机，她便不顾形象地对着电话破口大骂。皮特实在忍无可忍，便动手打了海伦，于是气氛更紧张了，她哭着闹着要离婚，气愤不已的丈夫则是甩门扬长而去。

实际上海伦的疯狂完全是因为心魔作祟，她在对丈夫苦苦相逼的同时，又何尝不是在逼迫自己？如果她能宽容一点，或许内心并不会被猜忌所囚禁，她也不会变得如此歇斯底里。生活中总是会有很多不如意之事，我们要学会抱着平常心去看待得失，不以物喜，不以己悲。如此，便没有什么能让心灵不快。反之，如果仅仅因为一念之差，因为自己的私欲，让心魔肆虐，就很容易做出疯狂荒唐的举动。要知道疯狂的发泄并不能消除内心的痛苦，反而会变本加厉地蚕食我们的内心。

有时候，一个小小的决定和一个微妙的想法也能改变一个人的心态，心灵是否自由，关键看我们如何看待。有未必真得，无未必真失，有无随缘、得失在心。面对不如意，如果你能退一步，那么心灵世界必然海阔天空，再没有什么能束缚你。如果在得失之间钻牛角尖，最终只能被心灵的束缚纠缠而死。

在生活中，如果遇到不快，我们不妨告诉自己，人生在世走一遭不容易，一世也不过百年而已，何必争一朝一夕，一得一失。俗话说："自在不成人，成人不自在。"我们活一辈子，挑三拣四，追名逐利，最终追求的也不过是一道枷锁。你在意的越多，追逐的越多，心灵只会更不自由。只有保持内心澄清平和，才能勘破世间的困难，最终获得真正的自由、最朴实的幸福。

2. 放弃挑剔与苛求，人生才能喜悦自在

人生在世，需要学会的不是追求完美，而是学会放弃。放弃对自我的苛责与挑剔，才能获得真正的自我，才能找到幸福和快乐。很多时候，我们不幸福不是得到的太少，而是计较的太多。有些人终生追求的东西只不过是欲望的象征，是一场镜花水月，到头来只是一场空。通常，一旦得不到自

己想要的，便会心生怨恨，一味苛责，如此怎么还能有快乐呢？

生活中总有许多人喜欢带着审视的目光去看待周围的人和事，也喜欢苛责自己，给自己很大的压力，甚至抱怨上天的不公平。越是带着这种心理生活，越感觉所有的人和事物都不顺眼，最终受伤害的只会是自己。

追求绝对的完美，一味苛责生活，只会离幸福越来越远，严重的话，你的整个未来也不会修得善果。因此，在自己的能力范围内追求优秀无可厚非，但非要完美无瑕就是自讨苦吃了。世界上没有绝对的完美，懂得退而求其次才是真正的智者。

马如青在大家眼里是个幸运儿，年仅 30 岁就被评为副教授，35 岁就被提为干部，之后又被评为各种先进人物，在旁人的眼里真可谓是占尽了风头。

在领奖的时候，马如青一脸幸福，洋溢的笑容令人心醉。

“看，人家真是幸运儿啊，取得了这么大的成就，再瞧瞧我们，什么也不是。”很多人带着羡慕，酸溜溜地开口说。

颁奖完毕，他没有立即离开。而是等大家安静之后，向大家深深鞠了躬，接着无比动情地说道：“我知道，在大家眼里，我是一个幸运儿，是一个成功人士，但是，很多事情并不是大家所看到的这样简单。”顿时，台下一阵哗然，有的人很好奇，有的人却认为他非常虚伪，明明那么成功了，还故意装深沉。

“我和妻子非常恩爱，生活得很幸福，但却有一个半身不遂的儿子，他如今已经13岁了，可依然无法照顾自己，为了儿子，妻子放弃了自己的工作和事业，一直尽心尽力当他的贴身保姆。”

“啊，怎么会这样，这是真的吗？”大家不敢置信，渐渐地，又心生敬意。台下一片安静，大家屏气凝神，等着他继续说下去。

“我的小女儿，今年8岁了，长得非常可爱，可却是个哑巴，永远都无法开口说话。”他声音里的惋惜那么显而易见，大家一时百感交集，言语之中也不免带着同情。

“为了养活我的家人，我只能比别人更努力，否则他们都会跟着我受苦。一分耕耘，一分收获，我终于取得了现在的成绩。”命运虽然很坎坷，但马如青从不抱怨，从不懈怠，一直为了自己的家人默默努力着。

“也许大家觉得我的人生很不幸。”他走近观众，温和地开口说道。

“是啊，原来你的人生也这么多灾多难啊！”

“唉，好不容易啊。”一时台下一片惋惜声。

“任何一个人的人生都会有缺陷，我从不认为上天对我不公，反而觉得这些磨难对我而言是莫大的恩赐。我的儿子女儿虽然有缺点，但我感激上苍，因为他们都好好地活着。正是因为有了他们，我才能拥有更多斗志，有更多去奋斗的动力。在面对不如意时，我们不应该对命运挑剔呵斥，而是应该接受它、战胜它。对于无法改变的，不妨坦然面对。如此，才可以在磕磕绊绊的人生路上一路走一路笑！”说完，他再次向大家鞠了个躬，紧接着下台了。

这次的掌声更热烈了，其中还带着欣赏与敬佩。马如青用自己的亲身经历给大家上了一堂人生课：生活中没有绝对的完美，总是会有不如意。如果我们挑剔、抱怨、苛责，那么苦日子就会一直延续。只有放开，坦然面对，然后接受，想办法克服，才能重新找到幸福。

在所有光环的笼罩下，人们只看到了马青云的幸运和他近乎完美的人生。然而抛开这些光环，我们却轻而易举地看到了事情的真相。他之所以变得幸福是因为他对命运的宽容，他不挑剔不苛责上天赐予他的人生。改变可以改变的，坦然接受不完美的，如此才能获取自在人生。

生活中我们要学会放弃偏见，以平和的心态去接受挫折和磨难，这样才会寻得心灵的平和。偏执的人容易走极端，对人和事物也会更加挑剔，一旦不能如自己所愿，心理的天平就会失衡，然后心灵会扭曲，做出不理智的事情，最后痛苦的也只能是自己。相反只要放弃偏执，心态就会变宽，对于得失也就不会太计较。执念是让人心灵痛苦的罪魁祸首，一定要懂得舍弃它。

对人对己要宽容，才能拥有比天空还辽阔的胸怀。每个人有完美的一面，自然也会有缺点，一味地盯着缺点看，只会放大缺点，让你更无法释怀。我们不妨这样安慰自己：“有缺点才能衬托出优点，每个人都有缺点，对别人宽容也是对自己宽容。”心宽之人，必然会摒弃挑剔与苛责，因为他们知道，那是对自己的残忍。

我们无法改变别人，也无法改变一些事物，能改变的往往只有自己。不好的生活不在于别人的罪恶，而在于我们的心态。无休止的挑剔与苛责只会增添更多烦恼，只能证明你是生活的弱者。聪明的人懂得好心境都是自己创造的，放下挑剔，放下苛责，还自己一份坦然，你会发现人生充满喜悦。

3. 人生不仅要学会承受，也要学会释怀

天有不测风云，人有旦夕祸福。在漫长的岁月里我们每一个人都会碰见一些不尽人意的事情——或大或小，或多或少，都会对心灵有一种撞击。无论是灾难还是困难，无论是身体上的还是精神上的都是人们所不愿面对的。然而我们又能如何呢？在能改变的时候努力去改变，在无法改变的时候何不带着“既来之则安之”的心态去面对和接受，这才是最为明智的选择。

如果说勇敢地面对生活中的种种灾难和困惑是一种生活的担当，那么放下生活中的压力和烦恼则是一种境界。在如今生活压力倍增的今天，我们需要给自己减压，而减压的最好方式就是心灵的疏导——承受和释怀。天下没有不能承受之痛，也没有无法释怀的烦恼。

凡能承受之人，世界充满了希望和未来；凡能释怀之人，世界便是一片净土。与其沉浸在悲痛中不能自拔，折磨自己，何不给自己一个美好的明天？阿姆斯特丹有一家15世纪的老教堂，在它的废墟上留有一行字：事情既然如此，就不会另有他样。这句话听着很简单，回味起来却意味深长。

“不会另有他样”，便是无法改变的事实，既然无法改变就只能接受。坦然地接受也是接受，猥琐地掩藏起来接受也是接受，然而心境却不同，前者大方、勇敢，后者则有着害怕面对的紧张与不安。同样都是面对，为何不选择前者呢？

现年32岁的黄晓娟长相甜美、性格开朗，是一名优秀的小学外语教师。自2002年师范大学外语系毕业后开始任教至今，连续几年，她将学校的外语教学水平带动提升了一大截，成了学校英语学科的带头人。不仅如此，她还是学校有名的才女，琴棋书画样样精通，学校的各项活动也都少不了她的影子，可称得上学校教师队伍里的佼佼者。

工作发展得不错，个人问题也不能落后。2005年年初，经人介绍，年方24岁的黄晓娟与身在同行发展的马辉恋爱了。两人一见如故，又同在教育行业，也算得上才子配佳人了。相恋一年后，两人准备登记结婚，双方亲友也很是欢喜。然而，就在黄晓娟和马辉正在为婚礼做筹备的时候，噩耗传来……

马辉被医院查出了喉癌，没多久便离开了人世。此时的黄晓娟正在憧憬着美好未来，却不料未来成了泡影，那个原本准备携手未来的心上人突然离世，黄晓娟承受不了沉重的打击，向学校申请了特殊假期，终日在家不思茶饭，不与人交流，甚至不能听见结婚、癌症等字眼。不到半个月就面黄肌瘦不成人样。父母为之着急得头发都白了，却不知道该怎么办。

2006 年夏天，也就是黄晓娟休假两个月时，黄晓娟的妹妹黄晓蓉也大学毕业了，同样进了她所在的小学教语文。见黄晓娟整日如此，妹妹便常陪她聊天，给她讲一些让她振作起来的故事。渐渐的，黄晓娟的脸上露出了久违的微笑，情绪也平稳了好多。没过多久，她便重新回到学校任教，工作也是充满了激情。不久后，黄晓娟买房装修，并与设计师日久生情，最终幸福地走到了一起……

故事中的黄晓娟痛失爱人之后，一直沉浸在痛苦中无法自拔，不能坦然面对生活中突如其来的变故。此话并非不近人情，而是生活中有太多我们不想面对却又无法选择和改变的事情，让逝者安息，活着的人还要继续坚强地活着。封闭只是逃避现实的一种方式，是不愿面对甚至不敢面对的表现，事实却依旧不会改变，而我们只能改变自己。

没有人能有足够的情感和精力，既抗拒不可避免的事实，又能利用这些情感和精力去创造新生活。我们只能在这两者中间选择其一。黄晓娟选择了后者，最终坚强地从悲痛中走出来，并勇敢地面对生活和未来，生活也同样回报她一个美好的笑脸。与此相反的还有一类人，就是不自量力去抵抗，最终精神崩溃，这就如同拿着鸡蛋碰石头，与其把鸡蛋撞碎，不如拿去孕育新生命。

人非圣贤，每个人都脱离不了凡人的界限，谁也没有脱胎换骨之术，但我们的心可以变得强大。只要意志是强大的，那么，在不幸面前我们比灾难更强大，不幸便无法对我们造成伤害。“对必然之事，且轻快地加以承受。”这句话从耶稣基督出生前 399 年就流传开了。在这个充满忧虑的世界，今天的我们比以往更需要这句话。

4. 长短家家有，炎凉处处同，莫执于一念

生活中许多事情的发生都让我们料想不及，你信心满满可以拿下的项目说不定就被别人抢了先，你满心期待的未来计划说不定就突然半路夭折，所以人们常说世事无常，难以预料，这些让人猝不及防的悲剧每天都在不同的人身上上演。当你仰天长叹命运弄人时，也许你更应该告诉自己，没有哪个人的人生道路是早已修好的，这本来就是一条未知路，不必抱怨人生坎坷，因为每个人的路途都是在未知中探索出来的，也同样充满了艰难险阻，对一时的挫折耿耿于怀，只会让你失去更多。

苦在一切人面前都是平等的，只不过苦的方式不同而已，人活着为什么会感到很累呢？就是因为总是被种种外在的事项所迷惑，总希望得到的越多越好，以至于肩上的担子越来越沉重，以至于连步子都迈不开了。

有时候过多的倾注，反而会被事物所累，因为想要才会觉得失去。不执于一念，你会更容易掌控生活，而不是被生活掌控。人的一生会经历许多，我们为了许多事患得患失，因为给予了太多的期望。为了一些错误的执着，我们忙忙碌碌却是徒劳无功，甚至会造成不良后果。也许一时的失意和挫折会让人失落和不甘，但是踢开这块绊倒我们的石头，越过这块绊倒我们的石头才是最明智的办法。

皮特的父亲是一家国际集团的股东，如今父亲年事已高，精力自然也是一日不如一日，于是便想着把集团的事务交给儿子们来打理。皮特是家中的第三个儿子，是家中年龄最小的。皮特大学毕业后一直在父亲旗下的一家分公司担任部门经理。与两个哥哥相比，皮特很不受父亲重视，因为两个哥哥都在集团总部担任重要职位，而自己连个分公司老总都算不上，这让他十分苦恼。

这天，皮特正在忙碌，突然接到母亲的电话，父亲突发脑溢血已经住进了医院，而且病情十分不乐观，得知这一消息后，皮特火急火燎地赶到医院，与他同时赶往医院的，还有两个哥哥。经过紧急抢救后，性命暂时保住了，但要想恢复健康却已经是不可能了。三兄弟静静地陪伴在父亲的床前。

由于父亲病重，而且未来无法再全权负责整个集团的管理工作，所以病情稳定后，他便将包括皮特在内的三个儿子叫到床前，皮特多么希望父亲能把管理权交给自己，但这似乎不太现实，所以他不奢求太多，争取调任到集团总部工作就可以了！还未等父亲发话，皮特便主动说道：“爸爸，我想到集团总部去，这样也能帮助两个哥哥减轻些负担。”谁知皮特此话一出，两个哥哥却出言反对，认为皮特年龄还小，处事不够成熟，所以应该继续待在分公司磨炼。

有利益，有权力，就会有争端，即便是亲人也是如此。面对整个集团的巨额财富和至高的管理权，皮特说不心动是假的，当然两个哥哥也是当仁不让，在平时的工作中三个人常常是明争暗斗，私底下培植自己的亲信，如今父亲因患病放权，自然谁也不愿意放弃这绝好的机会。

于是，你一言我一语，兄弟三人竟然在病房中公然吵了起来，丝毫不顾及病人需要静养的医嘱。人们常说长短家家有，炎凉处处同，在财富和权势面前，连亲情也显得如此淡漠，皮特和两个哥哥只顾着争夺在集团中的领导权，却并没有把心放到父亲病情上，实际上他的两个哥哥也是如此，太过执着于身外之物，而忘记身边的亲人，这实在不是明智之举，事实也确实如此。

不久后，皮特依旧在分公司的经理位置上，两个哥哥也并没有接管集团的最高管理权。原来父亲对于三个儿子的表现十分失望，所以授意律师公开出售集团股份，并由最大股东来全权负责集团的管理事务，而自己则退出管理层，只参与集团的利润分红。

故事中的皮特以及哥哥执着于父亲留下来的财产，甚至因为财产之争而吵得面红耳赤，丝毫不顾及病重的父亲。实际上，财富也好，权势也好，都不过是身外之物，何苦非要争得你死我活呢？倘若都能放下执念，平淡对待，事情的结果也许会完全不同。世界万物皆有因果，没有种下因何来得到果，殊不知你苦苦执着的眼前利益，早已在不知不觉中伤害了他人，造成了无法挽回的遗憾。你得不到的果不必强求，该是你的自然跑不掉，不是你的也强求不来，万物皆有归属。

世界上解决争端的最好方法就是停止争夺，倘若皮特兄弟三人放下争夺，反而能够赢得父亲的信任和重用。现实生活中，很多人不也是如此？有多少人被眼前的一时利益蒙蔽了双眼，非要执于一念，结果往往是费心费力反而鸡飞蛋打。其实退一步，放下一时的长短之争，才是生活的真智慧，正如清朝宰相张英所说的："千里修书只为墙，让他三尺又何妨，万里长城今犹在，不见当年秦始皇。"

不要太执着于得失，因为人的一生总要经历一些大起大落、大悲大失，不必欣羡他人一时的得意，也不必感慨自己的命途多舛，长短家家有，炎凉处处同，争一时长短，不仅不能解决根本问题，反而会伤了人与人之间的和气，所以何苦如此呢？每个人都有一颗宽容之心，唯有宽容才能感化众生，换来生活的处处平静，赢得生命的鸟语花香。

5. 世界如此浮躁，静心才能幸福

随着社会发展越来越快，人们的生活节奏也在不断提速，但随之而来的不仅是富裕还有莫名其妙的浮躁情绪。我们常常心不在焉，哪怕是一件小事也没有耐心做完，即便是吃饭睡觉也变得惴惴不安……浮躁已经成为现代人的一种通病，每天都在计较做得多，得到的少，每天都会感到无尽的疲惫，身体上如此，心灵上更是如此。世界如此浮躁，生活如此浮躁，要想获得幸福，唯有让自己的那颗心静下来。

生活在滚滚红尘之中，再纯净的心灵也会沾染上尘世的俗气，所以浮躁在所难免。浮躁让人在求索中挣扎，在不断挣扎的过程中不断沉沦，以至于越陷越深，浮躁之气也会越来越深，最终只会陷入迷茫之中，再也找不到生命的真正方向。在浮躁中，唯有静心才能获得一片安宁，唯有一切顺其自然才能宁静以致远，在安静平和的世界中怡然自得。

不管是患得患失的忧虑、焦虑不安的折磨，还是浅尝辄止的小心、没有耐心的暴躁，统统都是因为浮躁，浮躁带给我们的只能是烦恼。实际上，不管是在工作中，还是在生活中，抑或是在社会交往中，浮躁都是一颗心灵的毒瘤，因为一旦沾染了浮躁之气，那么问题不仅不能顺利解决，反而会因为内心被蒙蔽而陷入盲区。所以，不管是做人还是做事，一定要脚踏实地，懂得知足。不管遇到什么，不要着急，不要慌张，试着静下心来，那么，我们看到的很可能会不一样。

克莉丝汀是一名退休教师，年近60岁的她一辈子都是在平平淡淡的生活中度过的，所以尽管年事已高，但她依然保留着一份质朴。如今她和老伴回到了家乡的小镇，生活过得其乐无穷。

又是一个平淡的早晨，克莉丝汀接到侄女的电话，在纽约工作的她竟然请假专门来为她庆祝60岁生日，这真是个好消息。很快，克莉丝汀的生日就要到了，丈夫邀请了很多亲朋好友一起来参加寿宴。生日宴会异常热闹，房子前的草坪上，摆放着很多桌子，桌子上则是用来招待客人的自助餐，人们纷纷祝贺克莉丝汀，并希望她能够健康长寿。

作为寿星和主人，克莉丝汀在老伴的陪同下纷纷给每一位前来的宾客打招呼、敬酒，自然也包括在纽约工作的侄女。“姑母，您今天精神真是不错，祝您生日快乐。这是我从纽约专门给你带的礼物，希望您能喜欢。”克莉丝汀开心地接过礼物，接着亲昵地与侄女拥抱并表示感谢。

宴会在愉快的气氛中结束了，客人们也开始三三两两地离场。克莉丝汀正和客人说着道别的话，这时侄女一脸着急地跑了过来，克莉丝汀不禁询问道：“哦，怎么了，宝贝，你看起来一脸慌张，出了什么事情吗？”“我花一万多美元新买的钻戒丢了！可我没时间找它，因为我现在必须得回纽约。”

“别着急，孩子，你先回纽约吧！我帮你找，只要在我这，肯定不会丢的。”克莉丝汀安慰道。宴会结束后，她和老伴来来回回在草坪上找了好几遍，可是怎么也找不到。紧接着又翻遍了家中的每一个角落，还是没有。但克莉丝汀并不着急，尽管这枚戒指价值不菲，但在她眼中与普通的小玩意没什么区别。

第二天晚上，侄女火急火燎地打来电话询问结果，克莉丝汀仍不紧不慢说道：“在我这儿，不会丢的。”几天后的一个上午，克莉丝汀准备打开草坪上的喷水设备灌溉，才发现其中有一个喷头似乎出了些故障，于是过去检查，这时才发现一枚钻石戒指卡在了出水口。

与侄女丢失戒指后的急切相比，克莉丝汀自始至终都很平静，这份对待物欲的平静不禁令人羡慕不已。在如今这个浮躁的年代，还有多少人在丢失了贵重物品后，能够像克莉丝汀一样保持平静呢？在奢侈品大行其道的今天，人们对物欲的追求有增无减，但实际上这只能助长浮躁的火焰，一万块的包是一个包，一百块的包也是一个包，不论价钱多少，都只是一个包而已，所以要想放下浮躁，就要摆脱物欲。

生活中总是有很多令人郁闷的事，周末加班让人郁闷浮躁，哪怕是恋爱结婚都被染上了浮躁的阴影。谁又能说“闪婚”不是浮躁的产物呢？在快餐文化畅销的今天，人们的精神已经越来越贫乏，甚至直接变成了肉体的傀儡，我们越来越急功近利的同时，也越来越不快乐。在生活中苦苦挣扎，但很多人却并没有察觉到浮躁才是快乐的大敌。

生命就像心电图，一旦平静了就意味着生命的结束。在生活中，谁都会遇到不顺心的事，但这并不能成为我们浮躁的原因。身处茫茫尘世中，越是浮躁越是会搅得人晕头转向、心神不宁，所以不如让思绪安静下来。心静下来了，浮躁自然也就烟消云散。静修之旅必须从心出发，正如佛家常说的“心静自然凉”，而我们所需要的不过是一点点耐心与坚持，唯有时时刻刻警醒自己莫要浮躁，才能真正享受平淡人生。

6. 转个念就是希望，回个头就是来生

人生在世，总是会有心情不好的时候，也总会有想不通的事、看不惯的社会现状，与其纠结眼前的种种烦恼，不如转个念，回个头。心情有坏就会有好，生活有绝望就会有希望，有想不通就会有想得通，世间万物都是双生双克，有坏就会有好，正如雪莱所说："冬天来了，春天还会远吗？"往往走投无路的时候就是希望的开始，所以莫要悲观，也莫要失望。

人生没有绝望，只有想不通，人生没有尽头，只有看不透。看尘世中的芸芸众生，有多少人陷在绝望的泥沼中无法自拔，有多少人面对着走投无路的困境而耿耿于怀。既然前方本无路，何苦非要一根筋地前行呢？转个头就是希望，撞过南墙后回个头也是来生。所以，人生在世，不要理会那些前尘往事，因为每一天都是新的，又何苦为昨天的烦恼而忧愁。

快乐过也是一天，愁眉苦脸也是一天，既然如此，为什么非要和自己过不去呢？钻到牛角尖里，快乐也能变成悲伤，转个头朝外望去，俨然一片海阔天空。所以永远都不要

为眼前的困境打倒，没有翻不过的高山，也没有渡不过的命运之湖，前路不通的时候不妨转个身，转身就是希望，回头就是海岸。

在朋友们眼中，绮丽绝对是个近似完美的人，不仅长相漂亮而且还有一份收入不错的工作，可是她自己却并不为此感到开心和骄傲。哪怕是早晨的塞车都能让她一整天不开心，她记忆力总是那么好，这并不仅仅表现在工作上，因为她记住的不仅仅是工作信息，还有那些糟糕的事情。

哪怕是一个小小的细节，绮丽都能连续记好几天。又是忙碌的周一，终于把所有的报表都搞定了，她暂时舒了一口气，并起身去冲速溶咖啡，闻着浓郁的咖啡香味，绮丽浑身的疲劳都烟消云散了，就在这时，意外发生了，一个急急忙忙的同事在经过她身边时，不小心碰翻了正在冒着热气的咖啡。“啪”一声，盛满咖啡的杯子瞬间掉在地上摔碎了，灰褐色的液体洒得到处都是，绮丽的衣服更是重灾区。

就是这样一件小事，如果是平常人也许转身就忘了，但绮丽的记性实在好得有些可怕，这都过去一周了，杯子落地那一幕还是总在脑海中盘旋，以至于一看到摆在桌角的新咖啡杯都觉着不舒服。每天早晨上班，几乎一看到那个杯子，就会沮丧不已，总是担心悲剧会重新上演，为此她实在是苦恼不已。

大病初愈后上班也是让绮丽最为烦恼的事情，因为生完病后的她往往脸色发白，模样憔悴。尤其是参加会议时，她总是在心里默默想着：“我现在的样子真是糟糕透了，模样憔悴，精神不振，让大家看到这个样子，真是件尴尬的事。”

由于每天都沉浸在这些小烦恼中，所以绮丽的生活状态一点也不好，每天都是阴沉着脸，时间长了，不仅人变得消极，连工作都丧失了积极性。

有时候遇到障碍不妨转个弯，倘若绮丽能够放下那些令人沮丧的事，能够把脸上的无精打采通通洗掉，结果又会怎样呢？背对着阳光，看到的注定是阴影，这时候一味地埋怨阴影是没有用的，我们要做的是转过身，面对阳光。当我们转过身时就会发现，原来阳光从来都是这般温暖。

新念何必理旧梦，一朝一夕皆来生。不必为昨天的烦恼而苦闷，更不用为过去的挫折而买单，每一天都是新的，快快乐乐地享受今天的美好，而不是为了昨天打翻的牛奶而哭泣。人生如此短暂，为什么撞了南墙还不愿意回头呢？既然现在你不快乐，那为什么不换个快乐的活法呢？人唯有自己懂得什么时候转身，什么时候回头，才能避免撞上南墙的苦痛，如果明明知道痛苦，却还要继续坚持下去，那就是偏执了。

人有七情六欲，也有喜怒哀乐，如果不懂得管理自己的情绪，那么只能成为坏情绪的奴隶，终日郁郁寡欢，甚至活着都会变成一种负担。人要懂得改变坏情绪，只有这样才能改变消极的思想，才能以一个健康积极的心态去改变自己，改变世界。无论事情有多么糟糕，都不要对坏心情如此执着不松手，不放开坏情绪，容量有限的内心又如何承载好心情？不开心的事过去了，就让它过去吧，唯有学会忘记不愉快才能铭记生命中那些快乐幸福的片段。

第五章

满足之乐乐无疆，多欲之苦苦难了

人为什么会痛苦？都是欲望太多了，又实现不了，所以会痛苦。五浊恶世，人们相续之中的烦恼和分别念一波未平，一波又起，片刻也未曾停息过。所有的痛苦、疾病及障碍都源于你的贪念、嗔恨、执着、愚昧与妒忌。最有效的治疗是先医好你的心，否则你的痛苦将永无休止。

1. 所谓快乐，不是财富多而是欲望少

身安，不如心安；屋宽，不如心宽。以自然之道，养自然之身；以喜悦之身，养喜悦之神。有所畏惧，是做人最基本的良心准则。所谓快乐，不是财富多而是欲望少。做人，人品为先，才能为次；做事，明理为先，勤奋为次。人生要学会不抱怨，不等待，不盲从。

生活中，我们每个人都有或大或小的欲望，其实一个人的快乐与否，并不在于他是否拥有多少财富，而在于他是不是拥有一颗知足的心。拥有万贯家财的富人未必会得到真正的快乐，而身无分文的穷小子也不见得就有一身的烦恼。只有内心永葆知足的心态，快乐才会始终伴随在你左右。

其实，面对诱惑，我们要学会对欲望的放弃，也就得到了真正的快乐。佛家所追求的“四大皆空”的人生境地，就是对欲望的放弃。你银行卡上的存款，全国各地的豪宅，周

边围绕的美女名模，身上的华丽衣衫、名牌奢侈品……这一切都不能表示你是快乐的。无论你有多少金银珠宝，也买不来快乐。因为快乐来源于内心，来源于无欲无求、知足常乐的心灵境界。

报纸上曾无数次地报道过普通老百姓突然中大奖，最后却闹得妻离子散、家破人亡的报道。英国萨罗普郡布里吉诺斯市的男子凯斯·高尔，是一名普通的面包师。58 岁时买彩票中了 900 万英镑大奖，这对于一个普通家庭来说，简直是从天上掉下来一块大馅饼啊。他想着自己和家人这辈子再也不用为金钱忙碌了。他们从今以后可以衣食无忧，过上比以前舒服得多的生活了。

但是后来发生的一切，却是他做梦也没有想到的，900 万英镑的大奖不但没有给他的生活增添任何快乐，反而毁掉了一家人原本平平淡淡的日子。中奖以后，凯斯本来想继续留在面包店中上班，过一种正常的上班族生活，因为他也明白，人若是不去上班，天天无所事事，生活失去重心，没有了交际圈，与社会脱轨是一件很可怕的事情。

可凯斯的同事得知他中了大奖后全都对他充满了嫉妒，三天两头对这个“百万富翁同事”冷嘲热讽，工作上也不和他配合，把他完全孤立起来。这样，没几个月，凯斯便没有办法在这家面包店继续工作下去了，只好被迫辞职。辞掉工作的凯斯开始变得无所事事，他以疯狂消费来打发空闲的时光。他想着反正这钱也是意外之财，花起钱来简直是一掷千金。人总是这样，没有付出汗水而得来的劳动果实是很难懂得去珍惜的。两年后，凯斯的妻子无法忍受他的行为，和他离了婚。

之后，一名诈骗犯又以劝凯斯进行商业投资为由，从他身上诈骗走了 70 万英镑。其实，在凯斯中奖之后，有太多的人以各种名目想骗走他的钱，以前处得很要好的朋友不再要好了，也都看上他的钱，不资助他们便马上翻脸。

如今，几乎败光所有家产的凯斯和一名侄子一起住在一座狭小的住宅里，他每周最“奢侈”的花费就是到超市中购买必需的食品。

回想起来之前几年的生活，他感觉就像是一场梦，他说，如果时光倒流，能让他重新选择一次，他是打死也不想中那 900 万英镑的大奖。没有那 900 万英镑的大奖，他必定还和妻子快快乐乐地生活在一起，和同事朋友也相处得很好。等到退休了，便可以安享晚年。

只可惜，这世界上唯独没有卖后悔药的。

人人都渴望中大奖，渴望一夜暴富，不劳而获。不过这未必是好事，很多巨额彩金得主都是以不幸收场。我们在媒体的报道中对这些事情也屡见不鲜。单在过去两年就有不少中奖幸运儿被谋杀、服用安眠药过量而死，或是伴侣要求离婚以瓜分奖金，或是因瓜分奖金不公而妻离子散，中奖到底是喜是悲实在难辨。或许诚如一位中彩后挥霍无度、死前仅靠伤残津贴过活的人所言：“人人梦想中大奖，但无人知道这其实是个噩梦。”

可能无数的普通人会这样想：如果让我中上一百万，我一定会比现在幸福，一定比现在快乐。可是，无数惨痛的教训告诉我们：快乐，绝对不是取决于财富的多少，而在于你内心没有太多的欲望。当你无限渴望财富的时候，这是你欲壑难填的开始，之后的你会有更多更多不能满足的欲望，越得不到越想得到，越得不到越要去争取，那你便永远也体会不到快乐是什么滋味。

2. 心若有尘天地窄，眼中无物众生亲

人活一辈子，会遭遇多少无可奈何之事，邂逅多少对对错错之人？为别人多考虑一些，心胸开阔一些，得失看轻一些，哪怕只是多一点宽容，把看似要紧的东西淡然地放一放，其实，人心就会一下子变宽，世界一下子变大。正所谓，心若有尘天地窄，眼中无物众生亲。说的就是这个道理。

人生充满变数，不要去过分地苛求，不要有太多的奢望。在最失意之时，要学会冷静，等时间来消除冲动情绪，在最得意之时，要学会内敛和谦虚，修身养性方能有所作为。既然上天不偏爱于我，既然已经争取却还是不曾得到，又何必去强求呢？别人声名显赫，而自己却平平庸庸。殊不知，世界上众生芸芸，大部分是平凡的人。正是这么多凡人，才衬托了伟人的伟大。若这世上没有了平凡的人，那些

平凡琐碎的工作谁去做？没有了一辈子平平凡凡的农夫，粮食从哪里来？因此，平凡中自有一种伟大。

命里有时终须有，命中无时莫强求。金钱、权力、名誉都不是最重要的，最重要的是应该善待自己，就算拥有了全世界，随着时间也会烟消云散。到死的那一天，你还是赤条条地去，带不走一草一木。能豁达地这样想，就不会再为自己平添那些无谓的烦恼了。内心如果足够强大，外在永远不会把你打倒。不因一时的成功和失败而妄自菲薄，无论何时都要保持一种豁达淡然的心态。

在华山的山道上，游客总能看到一位卖水的田大叔。不管刮风下雨、酷暑严寒，田大叔总会定时出现在山道入口处，乐呵呵地向游客提供饮料。田大叔总是坐在货架后面，即使接不到游客付的钱，他也不会站起来。游客们都以为田大叔每天赶路来山道不容易，蹲下来付好钱也不会多想。只有和田大叔相熟的景区管理人员知道，田大叔其实是位残疾人，双腿高位截肢，每天以手代步，根本站不起来。

田大叔年轻的时候是一位挑山工，每天挑着各种货物在华山上叫卖。华山山道陡峭，下雨的时候很少有游客来爬山，挑山工也都不愿意冒险工作。年轻时候的田大叔好胜心强，总是以为从小爬华山爬到大，是不怕山道泥泞的。在田大叔30岁的一天，华山下起了蒙蒙小雨，田大叔和往常一样，挑起扁担上了山。到了晚饭时分，田大叔还没有下山，妻子有些着急了，就央求邻居看着孩子，自己上山找寻丈夫。山道陡峭湿滑，妻子只能找到值班的景区工作人员帮忙。当工作人员找到田大叔时已经是凌晨一点。田大叔被滑落的山石压着双腿，已经奄奄一息。妻子和工作人员连忙把他送进医院，田大叔的命是保下了，可是双腿由于被大石块压的时间过长，只能做截肢手术。

田大叔醒来后的表现让医生和护士都非常紧张。一般情况下，知道自己高位截瘫后，病人都会寻死觅活，或者变得沉默寡言。但是，田大叔依旧如往常一样和病友聊天，还时不时地打趣一下医院的小护士。

负责田大叔手术的医生找到了田大叔的妻子，了解情况。医生说："你丈夫的表现非常异常，你每天照顾他，他的精神有没有出现什么问题?"

妻子说："他还和往常一样有说有笑，有什么问题?"

医生紧锁眉头："正是因为他每天有说有笑，我才不放心。按常理，病人是很难接受以后再也不能走路的事实的。"

妻子听后淡淡地说："非常感谢医生的关心。他的脾气我清楚，他的心大着呢。"

其实，田大叔是一个豁达的人，经历这次生死劫之后，他总是对亲朋好友说："别人总是看到我残废了，没办法走路。但是，我却觉得那块大石头只拿走了我的双腿，把我的命给留了下来，着实待我不薄。别人都觉得我应该过得很不开心。我为什么要不开心地活着呢？如果我笑着过日子，日子就也是笑着的。"

田大叔没有把失去双腿的不幸放在心上，而是选择豁达地面对人生。他每天以手代步到山道卖饮料，收入虽然比做挑山工少，但是还能维持基本的生计需要。现在，田大叔的孩子都有了工作，田大叔脸上的笑容就更灿烂了。

不要幻想生活总是那么圆圆满满，也不要幻想每天都能像春天那样温风和煦，阳光明媚。每个人的一生都注定要跋涉沟沟坎坎，品尝苦涩与无奈，经历困苦与失意。不经历风雨，怎么见彩虹，也正是经历了风雨，才显得彩虹弥足珍贵。

在漫漫旅途中，失意并不可怕，遇到挫折坎坷也无需忧伤。挫折磨难是上帝对你生命另一种形式的馈赠，坑坑洼洼也是对你意志的磨砺和考验。只要心中的信念没有萎缩，只要心灵的季节没有严冬，即使电闪雷鸣，即使风雨交加，也不怕。落霞与孤鹜齐飞，秋水共长天一色；黄叶在秋风中飘落，化作春泥，春天又焕发出勃勃生机。这何尝不是一种豁达，一种潇洒，一份人生的成熟，一份人情的练达。

3. 弱水三千，只取一瓢，知足就是幸福

花开百朵，只折一只，弱水三千，只取一瓢。说的就是一种知足的心态。可是现代社会中，纷纷扰扰的尘世中，尔虞我诈的官场，钩心斗角的职场……为名为利，诱惑太多，我们总是很难做到知足。生活中，我们带着满满的欲望的包袱在人世间奔跑，且一路边跑边装进新的欲望，直到那个包袱越来越沉重，拖得我们寸步难行，不堪重负。

人心不能清静是因为我们永远不会知足。有个朋友说：上小学时的梦想是自己能有属于自己的一辆山地车。到了初中，他看到帅哥骑着摩托车从身边飞驰而过时，又想要一辆拉风的摩托车。后来，下雨刮风时又觉不能让自己的女人被雨淋被风吹，汽车才适合男人。再后来在网上看到新款“悍马”彪悍的面孔时又想要一辆悍马，觉得男人就要开悍马。得不到，就在心里放不下……

同样，其实我们每个人都是这样！欲望是幸福的最大障碍，生活中时常感到不如意，多半也是因为欲望太多，贪欲之心太重。所以才会生出种种苦恼。

从前，有这样一个大财主，他在乡下拥有上千亩的土地，在城里有多处院宅，他开了多家药铺、酒庄、杂货铺，是整个县城最富有的人。他又有一个精明能干的儿子，帮他打理着一切生意，收租、进货、算账……一切都不用他操心，他需要做的只是每天晚上听儿子来给他报账，听听自己每天又进账多少。

大财主每天的生活很奢侈，吃的是山珍海味，穿的是绫罗绸缎，住宅也是富丽堂皇。全家上上下下的仆人都得听候他的调遣。可是即便这样，他还是每天闷闷不乐，你若是问他为什么发愁，那他的牢骚可多着呢。他担心家里的仆人偷东西，因为有次他在院子里看到一个仆人慌慌张张地走过去，神色很可疑。他马上叫住他，即便从他身上什么也没有搜到，可是他还是怀疑他早已把赃物藏在了哪里。他还担心他的管家不忠诚，因为他的管家太精明了，尽管自己的儿子也不笨，可是毕竟那么多的生意，总有纰漏的时候，他觉得他的管家肯定在哪些地方做了手脚，每天都要从他的进账里面捞去一把。他又担心他百年之后，没有人再去监督他的儿子，怕儿子会不学好把家产败光……可怜的财主每天都是闷闷不乐，操心着这担心着那，再美味的佳肴也吃得索然无味。

有一天，他在街上转悠的时候，看到一个卖豆腐脑的小伙子。他乐呵呵地一边帮人盛着豆腐脑一边唱着欢快的歌。财主便走上前，问小伙子：小伙子，你为什么这么快乐？小伙子疑惑地看着财主，回答道：老爷，我为什么要不快乐啊？我每天卖豆腐脑挣的钱够自己吃饭够自己住宿，我家里就我一个人，我一人吃饱全家不饿。财主一听，说：可是，你想过娶媳妇吗？你没有想过自己开个小店吗？你这样风吹雨淋的很辛苦啊。小伙子一听，想着财主说的也对，他苦恼地对财主说：可是我没有本钱啊。财主听了以后，答应以比较低的利息贷给小伙子十两银子，让他作个本钱来开小店。让小伙子第二天去他的柜上支取。

财主走了以后，卖豆腐脑的小伙子就没有心思唱歌了，他在想十两银子的问题。想着财主说的是不是真的，想着十两银子他该怎么计划。就这样，那天晚上，他彻夜未眠。

第二天一大早，他果然到财主的柜上支取了十两银子。可是这时他又发愁了：十两银子做个小生意似乎有点不太够，万一赔了怎么办？虽然利息是比较低，可是毕竟也是每天都要还利息的啊。算了，要不然把银子还给财主吧？可是有多少穷人求爷爷告奶奶也贷不来十两银子啊。要是还回去肯定过一辈子也没机会做个小买卖，没机会娶上媳妇了……

从此以后，人们再也没听到过小伙子快乐的歌声。

这个财主本来应该是快乐的，他已经拥有那么多东西，但是因为他不知足，所以他快乐不起来。小伙子本来生活艰苦，但他能知足自乐。而后来的情形却不同了，也就是心起了贪念，便再也快乐不起来。

可能，有很多人会觉得知足常乐是一种消极的心态，是不思进取，不懂奋斗的表现。是逃避现实，躲避责任的懦夫。当然，这只是相对而言的，我们鼓励当竞争者在竞争的过程中遇到困难、挫折，或失败而令人烦恼时，千万不能糊涂和失去理智，更不能做出不明智的蠢事。此时，最好是用“知足常乐”的心态去看待问题，这样，才会使自己失落的心灵找到新的平衡，这时“知足常乐”的心理状态的确会帮助你，使你尽快调整心情，冷静地总结失败的教训，从而放开包袱，重拾信心，开心快乐地从头再来。

4. 最宝贵的不是你所拥有的物质

最宝贵的不是你所拥有的物质，而是陪你在身边的人；幸福不是物质，不是状态，而是一种领悟。物质是生活的必需，很重要，但有时候，所在乎的那个人在身边的陪伴，更弥足珍贵。要珍惜陪在你身边的人，物质是可以通过努力而得来的，失去身边的人，那你很可能后悔一辈子。

珍惜爱你的人，珍惜在你身边一直保护你、一直把你当宝贝的人。一直陪你在身边的人，那个人可能有点啰唆，有点小题大做，有这样那样的让你不满。但那个人真的很珍贵。他在你身边的时候，你以为自己得到的爱护都是理所应当的，很少意识到他的重要，有时候跟他任性对他发脾气，有时候会觉得厌倦，有时候会觉得缺少激情，但当你再没有他在你身边唠叨，没有人管你，没有人在乎你的病痛时，突然发现，失去的那个人是自己一直最爱的人。

面对身边的人，我们总以为还有大把的时间，伤害了他们，也以为总还有机会去弥补。其实，我们能伤害的，也只有那些爱我们、关心我们的人，与我们毫不相关的人，谁又会在乎你说什么话，做什么事情？

张涛是一个40多岁的中年男人，是一家企业的高管，年薪近百万。在这座一流城市里，也算是上层人物了。说来，张涛也很不容易，从一个贫苦的农家孩子奋斗成一个城市的金领阶层。

他是20世纪80年代的大学生，那个年代，教育体制还没有改革，考上大学是非常不容易的。在中学期间，他似乎只知道一件事，就是学习。他知道家里的经济状况，他知道父母和他同龄的孩子都成了家里的主要劳动力。他知道上学的机会来之不易。而在第一年参加高考失利后，父亲什么话也没说，只是在补习班开学的时候，默默地把他的书包递给他。

终于在第二年，张涛没有让家人失望，考上了一所理想的大学。这在当时的那个小山沟，那所只有几百人的学校，是一件多么令人震惊的事情啊。本来张涛家里条件不好，父母亲又都是老实本分之人，平时在村里总是叫人瞧不起的。可自从张涛考上名牌大学以后就不一样了。家里每天都是人来人往，祝贺的、道喜的人络绎不绝。张涛之前从没见过父亲笑得那么开心。从不夸他的父亲不止一次地摸着他的头说：你给咱家争光了啊。

如今的张涛做梦都会回想起那段日子，在他以后的日子里，他再也没能让父母那样笑过。上了大学之后，张涛很少回家，一是来回路费是问题，二是他要勤工俭学，那个年代虽然上大学没有现在花销这么大。但是生活费毕竟得他自己挣。他又是个班干部，平时根本没有时间精力回家看看父母。只是每个月例行的平安家书。工作以后的张涛更忙了，他知道自己没有关系，没有家庭背景，要想混出个名堂只能靠自己。他拼了命地工作。每次父母打电话，让他回家看看，他总是推托着。他总想着以后有的是时间，甚至他结婚的时候，也只是带着新娘在家待了两天。当时父亲提出要在家摆喜宴招呼亲戚朋友、街坊邻居，也被他以没有时间拒绝了。只是让父亲买些喜糖、花生、红枣招呼亲戚朋友……

工作繁忙的张涛只是寄钱、寄礼物回家，逢年过节，大包小包地寄回去。父亲多少次打电话说想去城里看看他们，看看孙子，他总是推托说你腿脚不方便，你又没出过远门，等过年我就回去了……直到父亲病重，生命垂危的时候，他回想着自己对父亲的所作所为，他回想着自己十几年来回家的次数屈指可数，他看着父亲把他寄回去的钱全存下来的存折，流下了悔恨的泪水。

其实不止关乎亲情，关乎友情、爱情……我们总是喜欢去追寻看不到的感情，却学不会珍惜身边的那份真情，总认为得不到才是最好的，殊不知身边的才是最好的。古人云："劝君莫惜金缕衣，劝君惜取少年时。花开堪折直须折，莫待无花空折枝。"人生，最宝贵的不是物质，是美好的时光，是陪在你身边的那个人。不要等到失去了才真正懂得去珍惜。

5. 放下名利的缰锁，找回迷失的自我

忙碌与对名利的追逐会使人迷失自我，忘记人心的本质，忘记生命的意义，使人丧失了生命中最纯真美好的情感。是时候了，放下这些令人迷惘的事物，放下这个世间的喧嚣与浮华，放下那颗追逐名与利的心，找回最真实的自己。

现实生活中，我们常常有这样的感觉，在大自然中，本来感觉一切都是那么美好，可是一走进闹市区，我们原本悠

闲的脚步也不由自主地加快了。或许身边的人只是不小心踩了一下你的脚，或许只是某个大妈买的菜碰到了你的白衬衫。尽管他们已经道歉，可是或许是那嘈杂的环境下，污浊的空气让你失去了原本的优雅，又或许肇事者对这样的事情习以为常，道歉不是那么诚恳，于是，你爆发了，可是对方也是不依不饶，于是一场骂仗就开始了。在别人鄙视的目光中，你觉得自己太委屈了……这时，先前的轻松心情顷刻间烟消云散。纷纷扰扰的人世中，我们就这样不知不觉中迷失了自己。

陶渊明是东晋后期的一位大文人，学富五车，才高八斗。他的曾祖父陶侃是赫赫有名的东晋大司马、开国功臣；祖父陶茂、父亲陶逸都做过太守。可是到了陶渊明的时代，朝政日益腐败，官场黑暗，恶势力相互勾结。年轻时候的陶渊明也是奋发读书，立志要“大济苍生”。可是，黑暗的政治现实使他心灰意冷，几次出世为官，一次又一次令他感到了官场的腐败、朝廷的贪奢淫逸。最后一次，在朋友的劝说下，他出任彭泽县县令。

可是当时到任 81 天，碰到浔阳郡派遣督邮来检查公务，浔阳郡的督邮叫刘云，是一个有名的大贪官，为人奸诈凶狠。每年两次借着巡视的机会向各个地方县索取贿赂。每离开一个地方必定是满载而归，若敢不从，便栽赃陷害，四处刁难。县吏劝说陶渊明要穿上官服，系上冠带准备好礼品，恭恭敬敬地去迎接刘云。

陶渊明仰天长叹道：“吾不能为五斗米折腰，拳拳事乡里小人邪。”意思是我不能为了县令的五斗薪俸，就低声下气去向这些小人贿赂献殷勤。说完，辞职归乡，从此隐居南山。躬耕为生，再也没有出山为官。

隐居南山之后的陶渊明，以种地为生，农闲的时候便饮酒作诗。可是，毕竟是书生，他的地种得并不怎么样，家中常常也是吃了上顿没下顿，酒也是常常没钱去买。邻里都知道这个大文豪的品性，经常邀请他去喝酒，他也丝毫不推辞，有酒便喝，常常醉倒在别人家里。

隐居生活是艰苦的，吃，即使是粗茶淡饭也经常不够填饱肚子；住，是茅草坯房，一到下雨天便不能遮风挡雨；穿，也常常衣衫褴褛，冬天的时候更是不避风寒。可是这一切，对于陶渊明来说，又算得了什么呢，重要的是他坚守了自己的立场，坚守了自己的人格和气节。他坚定自己不能与世俗同流合污。

他虽然放弃了荣华富贵、衣食不愁的官宦生活，可是收获了心灵的宁静。他的隐居生活是那么惬意和自得。“此中有真意，欲辩已忘言。”试想，如果他没有崇高的气节，没有宁静的心灵，那文坛上必然会少了那些清新脱俗、情趣盎然的田园诗，文学史上也少了这么一位修身养性的文人典范。

然而，时下，还有几个人愿意吟唱“采菊东篱下，悠然见南山”的诗句，有几个人能找着迷失在滚滚名利场的自我。有的人整天名利缠身，何有自我？自我在哪里？迷失的自我又何处去寻找？我们就是这样常常追逐着快乐，却总放不下自己心中的欲望。其实，寻找迷失的自我、迷失的快乐是简单的。难道不该以有一个健康的躯体而快乐，有一份安稳的工作而知足，有一个温暖的家庭而幸福吗？快乐是一种心情，一种顿悟之后的豁然开朗，一种重负顿释之后的轻松如意，一种云开雾散后的阳光灿烂，更是一种人生的哲理与智慧。它就在我们每一个平凡人的平凡生活里。

6. 放纵是人生最大的悲哀

心一放纵，诸不如法之念头，随之而起矣。当心灵趋于平静时，精神便是永恒！把欲望降到最低点，把理性升华到最高点，你会感受到：平安是福，清心是禄，寡欲是寿！

弘一法师说："不可一切都由着自己的性子，想干什么就干什么，想怎么办就怎么办，要有所克制。"其实，不要认为自己条件很好就可以任意地放纵自己，做任何事情都要付出代价的，有时付出的代价是金钱买不回来的。不要认为自己青春靓丽就可以肆意地挥霍青春，每个人的青春都是宝贵的、有限的，三五年的时间，岁月就悄悄爬上你的额头。不要认为偶尔做点坏事对自己没什么影响，做得多了就变成了习惯。而这恶习，就像墙上的钉子，即使拔出来，也永远留了一块伤疤。

不要轻易放纵自己，就是要学会自我约束。每天抵抗一个诱惑，时间长了，自律便成为一种习惯，一种生活方式，一种生存态度。人格和智慧也会因此变得更完美。一个面对诱惑却能自制的人，肯定会有成熟的思想，懂得在适当的时候约束自己。这种自律的习惯对于个人的学业和事业来讲，都会发挥着重要的作用，加强自律有助于磨砺心志，有助于良好品性的形成，使人走向成功。

肖楠大学毕业 4 年了，目前在深圳一家知名外企上班，在公司中，他仪表堂堂，工作能力也很强，深得上司赏识。可是肖楠从来都不敢谈起自己的感情生活。

大学时候，肖楠谈过一个女朋友，女孩叫小妹。真的如邻家小妹一样清纯可爱。他比小妹高一级，也就像大哥哥一样照顾着小妹。可是，转眼间，毕业了。他离开了小妹，来到深圳独自打拼。小妹则继续留在学校完成学业。刚开始，两个人之间天天煲电话粥，可是，渐渐地疏远了。他的工作很忙，要应酬，要加班。而小妹似乎已经习惯了被别人照顾。终于，小妹提出了分手。两人就这样结束了两年多的感情。

肖楠真的是喜欢小妹的，刚失恋的时候，他像所有的年轻人一样夜夜买醉，终日挂在网上的聊天室。或许，失恋的时候人往往都很脆弱。陌生人的一句问候都显得那么弥足珍贵。也就是在这个时候，他认识了一个网名叫“忧郁少妇”的女人，女人比他大几岁，对他关心备至。让肖楠非常感动。

聊过一段时间以后，他们就约定见面了。“忧郁少妇”

叫阿静，已经结婚了，跟老公夫妻生活过得并不开心。第一次见面，他们就聊得很投机。肖楠觉得他和阿静彼此惺惺相惜。

之后又见过几次后，他们就在一起了。肖楠其实知道自己并不爱阿静，或许是他的心太寂寞了。或许是，他太需要摆脱上段感情了。就这样和阿静纠缠过一段时间之后，他越来越无法自拔。

而他们的关系也被阿静的老公知道了，这时，之前口口声声说爱自己的阿静竟然说是肖楠先勾引她的。就这样，肖楠换了电话，换了住处，他们的感情就这样不了了之。

这时的肖楠对爱情彻底失望了。他不敢再去相信爱情，不敢再去相信女人，甚至不敢再去相信自己。他终日在网上的聊天室，遇到合适的、聊得来的就约出去见面。有时候，见过一次两次，他根本都不记得对方长什么样子。就这样，肖楠就像吸毒一样，约会着不同的人，欲罢不能，却从来不敢稳定下来。他甚至从来不敢把约会对象带到自己的住处。

他一次又一次反省着自己，想要恢复以前的那个自信正派的肖楠。但是一到晚上，他就控制不住自己打开各种聊天室……

单位里的热心大妈给肖楠介绍对象，他从来不敢去。他不敢相信女人，也不相信爱情。他怕自己的所有丑行暴露在光天化日之下，被公之于众，自己无法在单位立足。一次放纵让肖楠再也没有办法恢复到之前正常的生活，让他失去了对爱情对婚姻生活的憧憬。

其实，不要认为偶尔一次做件坏事对自己和他人都没什么影响，勿以善小而不为，勿以恶小而为之。偶尔多了就变成了习惯，有恶习或有过恶习的人是受人嫌弃的；不要认为做过的事没人知道，只要你做过了，就会有人知道，想知道的人总有办法知道，至少你自己骗不了自己，骗不了头上的三尺神明；不要认为做错了，还有改正的机会。

事事都说不定，有些错误你犯了，以后就没有机会去改正了。所以不要放纵自己的时间，不能给明天留下后悔的机会。做任何事情都是要付出代价的，有时付出的代价是金钱买不回的。佛说不要放纵自己的欲望，心理学上说不要放纵自己的情绪，总之，有些东西放纵过后，就不可能再回头找你了。

7. 活得富贵不等于活得幸福

幸福是小猫尝过了黄连的苦涩，又吃到蜜糖时咂着嘴巴品出的滋味；幸福是“久旱逢甘霖”的禾苗，晃动着稚嫩的身躯，昂扬地沐浴，奋发着开始成长；幸福就是一片片树叶在秋风里簌簌飘落，飘向树的根部，腐化成泥，只为来年春晓。幸福，其实很简单。

人们总是希望有所得，以为活得富贵，自己就会越幸福。其实，幸福这个感觉，是要用内心去体验，因为它不是你从外面接触到的景象或人事，而是彼此互动之后留下来的感受，所以说幸福不在外，而在内。当你饱受疾病困扰与折磨的时候，拥有一个健康的身体就是幸福；当你饥肠辘辘的时候，一桌丰盛的大餐就是幸福。

由此可见，同一件事，会令人产生不同的心情。大部分人只看到自己得不到的，没有去看看自己所拥有的。金融风暴后，很多人的财产泡汤了，却没有想到我们还有健康，还有饭吃，还有屋住，甚至还有工作。其实在这个世界上，有很多人，一生没有洗过一次舒舒服服的热水澡，没有吃饱过一顿饭，没有穿过一件舒适的新衣服。我们可以挑选自己喜欢的鞋子，但有的人却因为没有腿，而没有机会穿鞋子。

薛芳是一名普普通通的人民教师。在一个小县城的高中，她已经任教将近 10 年了。她毕业于上海一所知名的大学。她们那个年代，大学生没有像现在这么泛滥，就业还是相当顺利的。当年毕业的时候，全班只有她一个人选择了回到家乡教书。如今，许多当年的老同学已经飞黄腾达，定居国外的，开公司的，做企业高管的……可是薛芳依旧是那么平静。

一次毕业 6 年之后的同学聚会上，大家都在为薛芳惋惜，觉得她当年成绩那么好，学业那么优秀，不管是继续深造还是留在上海或其他大城市工作，现在必定是事业有成了，而不是一个小县城的一名普通老师。

薛芳微笑着听着老同学们的议论，然后，她说：“其实我很想问问大家，都过得幸福吗？”

所有的老同学愣住了：这些年过得幸福吗？这些年，还完房贷还车贷，还完车贷想给孩子换个好点的学校，想换个大点的房子，想换个好点的车子，想升个更高的职务……忙忙碌碌，幸福吗？不知道，心已经麻木了。

薛芳笑笑，说："其实我觉得自己过得挺幸福的。虽然工资微薄，但是是自己喜欢的职业。在自己的老家，能时刻陪着父母，街坊邻居也都是从小到大的老邻居。尤其是从教这么多年了，带过的学生也好多已经走上工作岗位了，有时候发个短信，打个电话，或者走在街上，学生尊敬地喊一声'老师好'。买菜的时候碰到学生家长，也客客气气地问句'薛老师买菜啊'就觉得挺满足的。"

其实，刚开始那几年，薛芳心里也有些不平衡。想着自己一辈子就要这样过了吗？虽然这是自己的选择。有时候学生不争气，或者是工作太累的时候也想过放弃。可是有次薛芳参加一次教研活动，晚上住在宾馆，异地难眠，突然收到学生发来的短信："老师，您何时回来？我们好想你啊！"那一刻，薛芳心里涌起一股温暖。第三天回来，刚走到操场上，正好下课，班上的学生迅疾跑过来，簇拥着她，急切地问，老师，您到哪里去了？老师，我们等着您回来呢！……听着学生真诚的问候，望着他们热切鲜活的面容，旅途疲倦顿消。这不就是只有教师才能享受到的礼遇吗！

薛芳曾经在自己的日记中这样写道：或许，在当下这个极度追求物质享受的时代，奢谈教师的幸福，有些不合时宜。然而，大凡红尘中人，谁都渴望幸福生活，教师也不例外。由于价值观的不同，人们对幸福的理解也因人而异。按照一般世俗的观点，一个人有地位荣誉、名利金钱，甚至升官发财，则会幸福。诚然，这些东西在一定程度上成为人们拥有获得幸福的基础，但并非成正比。当其达到一定数量后，就不会影响或者左右幸福指数了。我觉得幸福，是因为我有我喜欢做的工作，有亲人陪伴，有爱人一起分担。心中有信仰，我活得富贵不是因为我每个月挣多少工资，而是因为我每天都过得满足舒适。

当然，我们不能说，有钱都是不幸福的。但是幸福绝不是单纯地建筑在金钱的基础上。没有充实、高尚的精神生活，仅仅由金钱支撑起来的幸福不是真正的幸福。真正的幸福，是有一颗懂得感恩、知足常乐的心；是有崇高的理想、美好的情操；是热爱生活，热爱生命，敬畏大自然。

第六章

记住，你只能活一辈子

你只能活一辈子，没有来世，没有来生。快乐与否，幸福与否，悲伤与否，仅此一辈子。所以，同样一个瓶子，为什么要去装满毒酒，而不去装满琼浆玉液？同样一颗心，为什么要满载忧伤和苦恼，而不去试着容纳欢声笑语？同样一段回忆，为什么要只铭记痛苦而忽略快乐？

1. 多一天抱怨，就少一天幸福

人生总是这样，天生就会索取，却难以学会付出和满足；天生就会抱怨，却很难感受触手可及的幸福。我们总以为风景在别处，生活在别处，幸福在别处，能轻易地就去羡慕别人，却很难学会挖掘自身的闪光点。

很多时候，我们太在乎别人，而忽视了自己。抱怨出身的卑微，抱怨人生的不幸。其实，幸福不在于攀比，不在于金钱，不在于功名，不在于蝇头小利，而在于你内心的感受。幸福不在于斤斤计较，不在于你争我抢，不在于尔虞我诈，不在于豪车豪宅，而在于内心真正的安宁。

我们总是有太多的抱怨和不满足，抱怨自己为什么没有别人生得漂亮，抱怨自己为什么没有生在一个富贵之家、没有一个有钱的老爹，抱怨自己为什么生来脑子就没别人聪明、智商就没别人高，抱怨自己的机遇也没别人好、老天爷从来就没眷顾过自己，抱怨……我们的生活里只剩下了无穷无尽的抱怨。

王小晓是一个热情大方的女孩子，她青春靓丽，身材火辣，且长得非常漂亮。唯一对自己不满的就是觉得自己的个子太矮了，确实她的个子有点矮，只有一米五。有时候她在想，这还真是应了爸妈给她起的这个名字呢，小晓、小晓……有一次，闺蜜丽丽说你就应该叫小小，小晓为此还和她生气好久。从小到大，小晓因为个子问题可没少烦恼过。

她大学毕业后，在爸妈安排下，进了一家贵族学校当老师，小晓自己也对这份工作很满意。她从小就喜欢孩子。

其实大学期间，追小晓的人挺多的，但小晓总觉得工作还不知道在哪里，况且大学期间还是应该把主要精力放在学习上，所以也一直没有谈对象。这不，刚一上班，单位的大婶们、街坊邻居、七大姑八大姨们就开始给小晓张罗找对象。

虽然刚开始，小晓挺排斥相亲的，但别说，后来还真相中了一个，男方是一所知名大学的研究生，已经参加工作两年了。在一家设计院工作，是一名设计师。帅气、有涵养、对小晓的感觉也不错。于是，接触了一段时间，两人就决定在一起了。唯一让小晓别扭的是男方个子一米八二，这让小晓压力很大，觉得出去的时候，别人总是用异样的眼光看着他们。

小晓也很担心男方家长因为身高原因不同意。终于，令小晓一直不安的事情还是发生了。在双方家长的见面会上，男方父母一见小晓当场脸就变了。很明确地说，觉得他们不合适。尽管，那天小晓的淡妆很精致，一身连衣裙大方得体，还特意挑选了一双自己平时不敢挑战的 13 厘米的高跟鞋。

或许也是因为双方相处的时间不长，在男方父母的坚决反对下，这件事情也不了了之了。可是从此以后，小晓再也不能像以前那样生活了。她走在街上看着那些比自己个子高的女生就来气，觉得老天爷对自己真是不公平，凭什么自己就比别人矮一大截。后来，慢慢地，小晓对自己的长相也不像从前那么自信了。眼睛好像因为戴眼镜时间长了有点变形了，没以前那么水灵了，鼻子似乎塌塌的。皮肤也开始老化了，还生斑……甚至上课的时候，看着自己的学生，初一的孩子也比自己高，更是一肚子火。父母、身边的朋友、学生都觉得小晓就像变了一个人，无缘无故发火，爱挑刺，总是抱怨，对什么都看不顺眼。

小晓的心情很烦躁，她觉得自己好像一无是处，还活在这个世界上有什么意思。况且个子这么矮，以后找对象也是问题。有一天周末，小晓在床上睡觉，突然，妈妈拿着一本相册进来了，说突然翻到小晓小时候的照片，想起很多她小时候的事情，然后就一张一张地和她讲照片背后的故事。小晓从小因为长得漂亮，又能歌善舞，小嘴乖甜，一直是小区里的小明星。当妈的不知有多高兴。妈妈语重心长地和小晓说："孩子，从小到大，爸妈想把一切最好的都给你。爸妈也觉得你是最优秀的，你也没让我们失望。可是，现在……"

后来爸爸带小晓去看了一场杂技，演员全是一些侏儒。看着他们个子小小的却那么乐观顽强地生活，小晓含着泪对爸爸说："爸爸，你什么都不用说，我一切都明白了……"

故事中的小晓只因为一场失败的恋爱就全面否认了自己，看着自己觉得哪里也不够好，哪里也不如别人。让自己的生活中只剩下抱怨。其实我们应该坚信，上帝在为你关上一扇窗的同时肯定会为你打开一扇门。上帝永远是平等的。幸福的真谛需要我们自己去领悟。

做自己心灵的主人，我们才是拯救自己的上帝。远离抱怨的世界，我们才能在自己生活的原点改变自我，发现一个全新的自己，从而改变自己的命运。不去抱怨，才能心平气和、心定神闲、从容不迫，才能收获心灵的安宁和人生的幸福，从而听不到哀号，心静自宽广。

2. 人生不能靠心情而活，而要靠心态而活

世间的喜怒哀乐，转瞬即逝，尘世的成功失败，转头即空。面对失败和挫折一笑而过，是一种乐观自信；面对误解和仇恨一笑而过，是一种坦然宽容；面对赞扬和激励一笑而过，是一种谦虚清醒；面对烦恼和忧愁一笑而过，是一种平

和释然。一切都是暂时，一笑而过，重新开始。

幸福是一种心的感觉，是人精神世界里的一种超然享受。任何时候，人都不应该做自己情绪的奴隶，不应该使一切行动都受制于自己的情绪，而应该反过来控制情绪，无论情况多糟糕，你应该努力去支配你的环境，把自己从黑暗中解救出来。而心态才是命运真正的主人。假如我们想要主宰自己的世界，首先要主宰自己的心态。假如不能控制自己的心态，人生必将摇摆不定，终将会与失败为伍，与成功无缘。

生活中总是会出现很多突如其来的灾难，让人陷入茫然狂躁的情绪中不知所措，更有甚者可能会对生命绝望。不难看出，随着社会的进步、竞争的激烈，人们的各种压力增大，当这种压力超过了某种负荷能力的时候，就会让人出现偏激情绪，而这样带来的恶果也是无法想象的。这个时候，我们应该尽快给自己找一个出口，逐渐排除这样的情绪，解除这种精神压力。这就告诉我们，一个乐观的心态是非常重要的。

狂风暴雨后，一只蜘蛛，艰难地向着墙角的那已经被风雨吹得支离破碎的网爬去。墙很湿润，不时一小股一小股的雨水汇集着往下流。所以，这只小蜘蛛爬得很艰难。几乎是前进三步倒退两步。还时不时地被那一小股的雨水冲到地上，前功尽弃。

有三个商人看到了这只蜘蛛。他们三个都是在生意上遇到了瓶颈，正因不知如何解决而愁眉苦脸，心情郁闷。

第一个人叹了一口气，自言自语道："我的一生不正如这只蜘蛛，忙忙碌碌，勤勤恳恳，到最后却一无所得。"于是他终日消沉，不思进取，不去奋斗，生意上的事情也是毫不争取。最终，生意也做得一天不如一天，公司也倒闭了。

第二个人看到这只蜘蛛，心里想着：这只蜘蛛怎么这么愚蠢，为什么不从旁边干燥的地方往上爬呢。那样不是很快就达到目的了吗？想到这，他灵机一动，想到此时自己生意上正遭遇的困境。他突然意识到，自己已经想了太多办法、找了太多关系，而那个问题还是没有办法解决，看来是此路不通。很显然，要再不换个思路，走另外一条路，自己岂不是和这只蜘蛛一样愚蠢。于是他马上放弃了那笔生意，而去想其他的点子，在以后的生意中，他也是总会想到这只蜘蛛，一种办法行不通，马上转换思路，寻找另外的方法。他的生意也越做越大。

第三个人看到了这只蜘蛛，马上被它锲而不舍、屡败屡战的精神给打动了。他想：一只小小的蜘蛛都能这样顽强地去奋斗、去努力，而我这么个大活人，有什么理由轻言放弃呢？路是死的，人是活的。加上一点这只蜘蛛的精神，我一定能找到正确的方法解决目前的困境。于是，他回去以后，通过自己锲而不舍的努力，困难被迎刃而解。在他以后的商路上，他也总是铭记着这只蜘蛛，从不轻言放弃，他的生意也一直做得风生水起。

这个小故事要教我们的不是生意经，不是怎样去做生意、挣大钱，而是告诉我们一个良好的心态的重要性。著名心理学家马斯洛有句名言：心态若改变，态度跟着改变；态度改变，习惯跟着改变；习惯改变，性格就跟着改变；性格改变，人生就跟着改变。心态表示一个人的精神状态，只要有良好的心态，我们才能每天保持饱满的热情。心态好，运气也就变好了。精神打起来，好运自然来。记住做任何一件事，都要有个积极的心态，一旦失去它，就要学会调整。

怎样去调整自己的心态，不让情绪主宰自己学习、工作、生活，不要让坏情绪影响自己的人际关系。我们要记住首先攀比心不能太重。如果盲目攀比，就会“人比人，气死人”。我们要时刻怀着比上不足、比下还有余的乐观心态。其次，不要欲望太高。欲望无止境，欲望越高，一旦不能满足，形成的反差就越大，心态就越容易失衡。想想，一个普通白领，跟明星比收入，是差得远了，可是跟农民工、下岗职工比，却已经很幸福了。心态平衡了，怨气自然也就没有了。三是要学会忘记。不要对过去的事耿耿于怀，过去的事情就让它过去，这样才会少很多烦恼，心情才能舒畅。试想，人生不如意之事，十之八九。如果你一定非要把这些不如意都牢牢记在心里，那你的心还哪里有空隙去承载欢乐、承载幸福呢？

3. 幸福无绝对，心幸福一切都幸福

幸福的心境成就幸福的人生，悲观的心境造成阴郁的人生。其实，幸福并没有这么复杂，决定一个人是否幸福，完全在于一种内心的状态，你的内心状况，可以说明你是幸福的、积极的或消极的。禅宗说："我们无法矫治这个苦难的世界，但我们能选择幸福地活着。"为了我们的身心健康，涤荡心灵，放下负累才是最明智的选择。

人们总是身处庸庸碌碌的尘世，心中却向往着天堂，仿佛只有在天堂，人才能获得幸福和快乐，殊不知心地透明便是天堂，自然幸福长存。内心幸福是一次机会，是我们真正了解自己的机会。在这个日益繁杂的社会中，人变得越来越焦躁不安，只有当我们保持心灵的宁静时，快乐和幸福才会涌动在我们的心间。也就是说一个人要控制抵御外来的种种诱惑，最重要的就是要控制自己的私心杂念，铲除一切龌龊的行为以及阴暗的思想和理念。

从前，有这样一对夫妻，他们为了涤荡心灵，放下心中的负累，寻找生活中的幸福，于是，在自家的电梯门上挂了一方木牌，上面写着两行字："进门前，请脱去烦恼；回家时，带幸福回来。"这短短两句话蕴含的却是深奥的哲理：幸福无绝对，心幸福一切都幸福。

每当有人走进这一夫妻家里时，一种看不见却感觉得到的温馨、和谐，满满地充盈着整个空间，男女主人对人面带笑容，一团和气，孩子大方有礼。对此，有一个电台主持人专门采访了这对夫妻。

“请问那块木牌是谁创造的？”主持人问道，“那里面肯定有一些故事，能不能给观众讲讲？”

“这是我和我爱人共同的创造。”女主人甜蜜地笑道。接着女主人慢慢地解释说：“其实也没什么，一开始只是提醒我自己，身为女主人，有责任把这个家经营得更好。”

这时，主持人接着又问道：“那后来为什么想到提醒别人也这样做呢？”

女主人说：“事情是这样的，有一次我在电梯镜子里看到一双紧锁的眉头，下垂的嘴角，忧愁的眼睛，一张充满疲惫、灰暗的脸。这把我自己吓了一大跳，人如果每天都这样，不放下自己身上的负累，哪来的快乐呢？”

“看到这些，我想，当我的爱人、孩子每天面对这种愁苦暗沉的面孔时，会有什么反应？”说这句话时，女主人停顿了一下，好像故意提高嗓门。沉默了一会儿，女主人又说道：“当时，我又想到孩子在餐桌上的沉默、丈夫的冷淡，这些在我原本认为是他们不对的事实背后，隐藏的真正原因竟是我！当时我吓出一身冷汗，当晚我便和丈夫长谈。第二天我们就写了一块木牌钉在门上提醒自己。结果，被提醒的不只是我自己，而是一家人……”

主持人点点头：“是的，你说得非常对，生活的压力使每个人背着沉重的负担，心灵阳光不起来，哪来的幸福?”最后，主持人面对观众说：“她懂得涤荡心灵，放下负累的人生智慧，这是一个多么有智慧、多么可爱的女人。”

幸福无绝对，心幸福一切都幸福。其实，家，应该是最舒服、安全、稳定、幸福的地方。你想要拥有幸福吗？对于这个简单的问题，人人都想回答：是！是的，世人皆想拥有幸福。但是，幸福的要素和如何获得它的观念却因人而异。下次你回家时，不妨先对自己说“进门时，先脱去烦恼，放下负累，更要记得把幸福带回家”。一个人要想拥有幸福的心境，就要学会释放心灵垃圾，点亮自己的心灯。否则，你的幸福梦想也只能“胎死腹中”。

世界上没有绝对的好事和坏事，有的只是你对待事情的态度。幸福是一个多元化的命题，我们在追求着幸福，幸福也时刻地伴随着我们。能在一切环境中保持宁静心态的人，都具有高贵的品格修养。

对此，每个人都应努力培养自己心理上的抗干扰能力，冷静地应对世间的千变万化。如果凡事都抱着负面的心态来看待，就算中了大奖，你也会认为这不是好事；如果你能用乐观的心态，去妥善应对自己所面临的问题，就算再大的困难也会迎刃而解的。只不过，很多时候，我们身处幸福的山中，在远近高低的角度看到的总是别人的幸福风景，往往没有悉心感受自己所拥有的幸福天地。

4. 不要异想天开，也不要得过且过

人之心胸，多欲则窄，寡欲则宽。人之心境，多欲则忙，寡欲则闲。人之心术，多欲则险，寡欲则平。人之心事，多欲则忧，寡欲则乐。多与寡的区分，因人而异。有多大的手，端多大的碗。永远不要异想天开，也不要得过且过。一切尽人事而随天意，不强求，不自弃，顺其自然。

生活中，生不完的闷气，聊一聊，心境宽广；接不完的应酬，推一推，放松身心；尽不完的孝心，走一走，回家看看；看不惯的世俗，静一静，与人为善；还不完的人情，掂一掂，尽力而为；做不完的事情，停一停，有利健康；挣不够的钱财，想一想，身外之物；走不完的旅程，缓一缓，漫步人生。

敏敏是个大学生，大学四年的美好时光，已经过去了四分之三，眼看就要到大四了。从小敏敏就是个对自己要求不是很高的孩子，觉得一切过得去就好，学习成绩过得去就行，人际关系处理得过得去就行，考大学，也是一个二本看得过去就行。

大一到大三的时光，她更是比中学时光要过得舒服多了，不用早读，不用晚自习，平时只去上专业课，选修课也是能逃就逃。家里虽然不是有钱人家，却也不缺钱花。加上

平时姐姐总是时不时给她打点钱，回一趟家，更是七大姑八大姨都给她点零花钱。所以，她不出去兼职，零花钱也充足。三年来，她的日子过得逍遥自在，逛了不少地方。她有自己的想法，她总是想着：我以后毕业了，剩下的时间都在工作，都要想着怎么挣钱，我现在当然要珍惜美好青春，好好玩玩了。

可是，这眼看要到大四了，身边的人，更是比之前忙碌起来了，考研的考研，考公务员的考公务员，有的更是把工作已经签好了。只有敏敏茫然不知所措。她突然明白，她把大好的时光、大把的青春浪费了，她以前那样得过且过，当一天和尚撞一天钟的认识把自己害苦了。敏敏开始焦虑了，开始考虑自己的未来了，开始发愁毕业之后的日子了。她明白家里没有什么关系，工作的事情得靠自己。她试着在网上投了几份简历，去过几次人才市场，可是都不尽人意，原因很简单：自己的专业不是什么热门的专业，学校又是那么一所不入流的二流学校，再加上自己专业课知识不扎实……吃了几次闭门羹，让敏敏心灰意冷，再也没有了以前的洒脱劲。她尝到了自己虚度时光的恶果。

经过几天的慎重思考和家人的商量，敏敏觉得考研这条路最适合自己。一是因为她学的专业本来就是自己感兴趣的专业，也很想继续深造。二是她这次下定决心要考一个好学校，至少是国家 211 工程或 985 的学校。找工作受挫、被歧视的经历让她深深体会到“出身”是多么重要。

可是，决定了考研，开始准备以后，敏敏又遇到难题了，之前落下的功课很多，尤其是英语，不是一朝一夕能补回来的。敏敏每天心急火燎地不知从哪里下手，饭也吃不下，觉也睡不好。做梦梦到的竟然是自己能说一口流利英语，和外国人对话毫无障碍。梦醒，这真是异想天开，想一口吃个大胖子啊。敏敏自己知道，不能再这样下去了，这样下去自己永远也学不好英语，也战胜不了研究生初试那份英语卷子。她向英语老师说了自己的苦恼，老师笑了，回答她：爱它不要多，每天一点点，进步不用多，每天一点点。听了老师的话，敏敏豁然开朗，自己以前是得过且过，做一天和尚撞一天钟，现在却是异想天开，想一步升天，一口吃个大胖子。

在老师的开导下，敏敏明白了细水长流的道理，也明白了一步一个脚印，踏踏实实，一点一点进步的道理。从此，敏敏发奋图强，也懂得劳逸结合，终于，通过自己的不懈努力，考上了自己理想的学校。

新的征程，新的开始，敏敏也明白了一切都要尽力却不可强求的道理，相信她的研究生生涯一定会收获更多。故事中的敏敏是个聪明的孩子，一点就通，老师一提点就明白了其中的道理。其实，对于我们也是这样，子曰“朝闻道，夕死可矣”。明白道理永远都不会嫌晚，明白了就马上去改正。

永远不要异想天开，梦想着天上掉馅饼，也不要得过且过，糊糊涂涂。人生就是这样，匆匆几十年。说长确实也不长，在历史的长河中，如白驹过隙。可说短却也不短，从出生到踏进学堂，从踏上社会到组建家庭，从养育小孩到扶养老人……这几十年，我们是需要一步一步走过来的，我们不能一天就走完这所有的历程，我们也不能不担负起自己的责任，不承担自己的义务。所以人生就是这样，踏踏实实地走好每一步，过好每一天，才最有滋味。

5. 做好当下的事，珍惜身边的人

岁月一点一滴凋谢，犹如蜡烛慢慢燃尽，时间的巨轮在背后奔驰，日益迫近，它是没有声音的锉刀，蹉跎了年年月月。时光荏苒中，从关注呼吸开始，关注你正在做的每一件事情，关注你身边的每一个人，关注你此刻眼前的一切，你现在写下的每一个字，你心里的每一个念头……

一个人一生的幸福也往往来自每一日快乐的积累。当你心情烦闷的时候，当你遇到困境的时候，当你受到委屈的时候，你需要的是打开窗户，闭上眼睛，听着窗外的鸟鸣，深呼一口气。这时，不用睁开眼睛，你也能感觉到天空是那么蓝，树叶是那么绿，鸟儿是那么欢快。深呼吸，体验每一个当下，是简单而美妙的真实时光。

珍惜身边的一切，真的很好，当下的力量才是最具威力、最具实力的。每个当下，每个此时此刻，我们都可以想想自己的眼前人是谁。或许是家人、朋友、老同学，或许是同事、上司、竞争对手、重要客户……不论是谁，用心和他们交谈，认真和他们相处，你会发现每个人身上都有值得你去学习去探索的闪光点。和每一个人交谈、相处也是一种学习进步的方式。珍惜眼前人，重视当下事，是简单而智慧的处世哲学。

小伟大学毕业一年多了，在一家国企当技术员。大学刚毕业的时候，小伟信心满满，壮志酬筹地进入了这家知名国企。让他自豪的是他没有靠任何关系，没有花爸妈一分钱，而是凭自己的实力进来的。他给自己制定了三年计划、五年目标，甚至十年规划，准备在这家企业大干一番事业。

可是，天不遂人愿。踏上社会，步入单位以后，他才了解自己之前是多么单纯，这个社会是多么复杂，这家企业也是到处充斥着钩心斗角。所谓树欲静而风不止，这一切都令小伟非常苦闷。

另外一件事情更是让小伟苦恼：他在公司里干的是技术工，不像那些有关系有门路的人，每天工作轻轻松松，喝喝茶、看看报，一天就过完了。小伟大学的大部分时间用来兼职赚钱，兼职经历虽然让自己积累了一定的工作经验，认识了一些人。但大多都是以赚钱为目的，跟自己的专业不怎么搭边。所以导致自己专业知识实在是不怎么过硬，工作干起来也十分吃力，常常靠自己摸索。

其实回想大学时光，也说来话长。上学的时候，小伟因为家境贫寒，每个月的生活费都是勉强够吃饭。看着身边的室友每天和女朋友花前月下，花天酒地，小伟说不出的羡慕。想想自己，从一个小地方考到那所大城市那所名校，是爸妈眼里的好儿子，老师眼里的好学生，朋友眼里学习的好榜样。可是如今，却落到羡慕别人的份上。小伟心里十二分的不满和委屈。他立志一定要靠自己。于是到处找兼职，经常一出去就是一天。这难免会耽误学习，为此辅导员也找他谈过话，教育他，学生嘛，最重要的任务还是学习。赚钱当然也无可厚非，可是也要两者兼顾啊。君子固穷，学生固穷嘛。可是他当时听不进去，也没觉得辅导员说的有道理。现在进入了单位，才想起了后悔，可是自己已经没有那么多的时间去学习专业知识，学习技术了。

为此，他请教了公司的总工，说出了自己的苦恼。请教总工是因为小伟觉得总工和自己一样，靠技术吃饭，不靠关系。总工听了小伟的哭诉笑了，说：“你现在在这里懊悔不已，为过去浪费的时间捶胸顿足，怎么不想想眼前才是最重要呢？大学的时候，你没明白学习的重要性，可是依我看，你现在也是没有明白过来，最重要的是珍惜当下，做好眼前事啊。”

听了总工的话，小伟恍然顿悟，他深深地向总工鞠了一躬，说：“老师，您的一番教导让我如醍醐灌顶，豁然开朗。

我一辈子都铭记在心。已经错过了一次，已经后悔过一次，这次我一定能学会珍惜身边人，做好当下事。”

经过了总工的教导，小伟一方面自己摸索，练好技术，一方面时不时向公司的老技术工请教，加上他本来就脑瓜聪明，态度谦虚，自己又愿意下苦。很快，他就成了一个业务水平出色的技术员。他又恢复了自己刚出校门时的自信。

其实，我们每个人都有这样的经历，或是经常把这样的话挂在嘴边：如果现在让我再回到高中，我一定要好好学习，一定得考个名牌大学。如果……如果……其实我们都太明白，生活中没有如果，人生没那么多假如。我们只是在懊悔，只是在悔不当初的年少无知，悔不当初的不懂珍惜。

世界上唯独没有卖后悔药。做好眼前的事，人生才会变得更加充实，做好眼前的事，成功将不再遥远。珍惜眼前正和你相恋的恋人，孝顺尚健在的父母，认真呼吸，呼吸眼下的每一口新鲜的空气。

6. 无需留恋，该走的终会走

无需苛求，该来的迟早会来。叶子的离开，不是风的追求，也不是树的挽留，而是命运的安排，自然的选择。该来的会来，该走的会走，有时候离开并不意味着结束，而是另一种开始！就像今天的结束是明天的开始，现在的失败是为将来成功作准备。

随缘是一种博大的胸怀，也是一种稳重的成熟。有心去做就不是随喜，有心去做，心就不清净。很多时候，人要是能活得像花草那样从容，便一定是幸福的、满足的。像花儿那样从从容容，从容地发芽，从容地生长。春天来了，便从容地迎接；夏天来了，便自顾自地开放；秋天来了，便从容地告别；冬天来了，便安静地等待。一切随缘才能保持心态的平和。

可是，万事说来容易做来难。人毕竟不是花草，有知觉，有感觉，有喜怒，有哀乐。星云大师认为，“缘”是很了不起的东西，不要去计较得失。每一个人都要根据自己的缘去生活，依自己的因缘而成就人生。是啊，我们看见万物勃发，会觉得春意盎然，看见草木凋零，会觉得心情低落。看见花开，便有感于青春美好，看见花谢，便伤感于时光荏苒，时不我待。尤其是在面对感情的时候，我们更是苦苦追寻着命里不该有的那段感情，命里不属于自己的那个人。折磨自己，折磨对方，折磨亲人，折磨朋友。

阿媛出生在农村里，也不算特别偏远，是中国一个很普通的农村，20 世纪 70 年代那个时候，经济刚刚有点起色，农村的生活还是非常单纯的。

阿媛的爷爷是一个典型的老封建，重男轻女，非常希望阿媛的妈妈能生个儿子。阿媛的爸爸又是独子。再加上爸爸结婚早，所以妈妈生一个是女儿，生一个是女儿，让爷爷很不满意。妈妈生阿媛时已经是家里第五个女儿了。爷爷实在无法忍受了，就主动给阿媛找人家，希望爸爸能把阿媛送人。

终于找到邻村里有一个单身汉，快 40 了还没有结婚，也没有子女，所以爷爷就说服爸爸把阿媛送给这个人家做女儿。那时，阿媛还没有满月，据说，爸爸当天就要把阿媛送走了！

妈妈在家里又没有什么地位，也还在坐月子，没有力气，可又不舍得这样将女儿送人，她只有祈求上苍！“如果这个女儿命里不该是我的，就让她在别人家健康成长吧，如果命里是我的，无论如何，请将她赐还给我！”

晚上 6 点多时，爸爸终于回到家里，因当天答应人家要将孩子送去，爸爸就快速地吃了点饭，不顾妈妈的不舍和泪眼汪汪，抱着阿媛出发了。

那个冬夜特别冷，天又黑！爸爸一个人抱着阿媛走在这条常走的路上！要到那个村必须要经过一个乱坟岗。爸爸抱着阿媛，心里也不是滋味，可实在没有办法，家里已经有 4 个女儿了，他就这样低着头走着，那时也就夜里 9 点多的样子，爸爸不知不觉走到了这个乱坟岗前，爸爸隐约听到一个女人的哭声，他一抬头，妈呀，看到一个长长头发的女人，掩面坐在乱坟中间，似乎是哭泣，无声无息。看得非常清楚，在当时那个时间，那种情景下，这一切是那么恐怖。爸爸后脑发冷，手脚冰凉，和那个女人对峙了几秒钟，还好他口里有烟，猛吸一口，冲了过去，狂奔……跑了几十步时，刚好遇上村里上晚自习回来的学生，爸爸也不敢告诉他们，也不敢再去送人了，就和这几个学生一起走回来，可是再次经过那个乱坟岗时，一切如常，那个女人已不知去向！爸爸抱着阿媛走在学生的中间，回到了家里，从此再也不提将阿媛送人的事情！

或许故事中的爸爸只是遇到一个夜里在坟上哭亲人的女子，或许只是某人的恶作剧……无从追溯，无从查起。可是有时候就是这么蹊跷，命运就是这么安排的。没有那个在乱坟岗哭泣的女子，阿媛的一生肯定是另一种际遇。

其实，命里有时终须有，命里无时莫强求。这句话出自古训《增广贤文》，虽然古人的话不是绝对的真理，但很值得我们后人借鉴。这是一种自我安慰的说法，开解心灵的不忿。一切随缘就是要保持平常心来对待事情，不以个人需求来衡量得失。不管怎样，我们需要谨记：无需留恋，该走的终会走；无需苛求，该来的迟早会来。

7. 生不带来死不带去，何苦妄求

人若赚得全世界，却赔上自己的生命，又有什么益处呢？人还能拿什么换回生命呢？每一个生命个体都是一个世界，一个完整的宇宙。如果你已经失去了生命，那世界、宇宙对你而言，毫无意义可言，它们也随着你生命的消失而毁灭了。所以，善待自己亦是善待生命，善待万物。

一件东西，一段感情，一个职务，当我们苦苦追求，不得到誓不罢休，为此费尽心机，而把自己弄得筋疲力尽的时候，我们需要静下心来想想了，既然已经努力过了，既然已经拼尽全力了，那就顺其自然吧。除了生命本身，其他的一切身外之物，生不带来，死不带去的，何苦妄求。《红楼梦》里的那段好了歌唱得好："世人都晓神仙好，唯有功名忘不了！古今将相在何方？荒冢一堆草没了。世人都晓神仙好，只有金银忘不了！终朝只恨聚无多，及到多时眼闭了。世人都晓神仙好，只有姣妻忘不了！君生日日说恩情，君死又随人去了。世人都晓神仙好，只有儿孙忘不了！痴心父母古来多，孝顺儿孙谁见了？"

有这样一个小故事。从前，有一个地主，他吝啬又刻薄。每天监视着自己的长工、短工，生怕他们多吃一口饭，少干一分钟的活。监视着自己的老婆，生怕她浪费一粒粮食，糟蹋一片菜叶。他舍不得花钱让自己的儿子去私塾上学，觉得自己一辈子也不识字，还不是照样过得好好的，攒了这偌大的家业。只要儿子学会了自己持家的本领就行了，认识几个字有什么用处。也确实，让地主把钱双手送到私塾先生家里，逢年过节再送上腊肉、米面……那简直比杀了他还难。

他每天天不亮就起床，把长工一个个叫醒，让他们去地里干活。而干完活吃饭的时候，他则负责打饭，丝毫不会多给一点。一到下雨天，他就很生气，因为干不了农活，长工只能在家歇着了。每到下雨天，他就让老婆把饭做得更稀，理由是：下雨天不干活，吃多了不消化。家里的长工都心里恨他恨得牙痒痒。

不光是对自家的长工，这个吝啬的地主对自己、对家人也是非常的吝啬和苛刻，他每天比长工起得还要早，每天绞尽脑汁想着怎么压榨长工，半夜也睡不好，总是担心家里的钱被偷、牲畜被偷、厨房里的粮食被长工偷吃……就这样长年累月，这个吝啬抠门的地主也舍不得吃好吃的，生病了也舍不得去看郎中。终于有一天他病倒了，可是地主婆好说歹说，他也不去看病，甚至稍微贵一点的药也舍不得抓来吃。就这样拖了几个月，这个可怜的地主进入了弥留之际，地主婆做了一大碗肉端过来，想说，可怜的老头子马上要死了，好歹享受一下生前舍不得享受的吧。这一下可气坏了地主，他看着这一碗油汪汪的肉，手指着地主婆一个劲发抖，嘴里支支吾吾听不清楚在嘟囔什么。其实，让地主生气的不只是这一碗肉，更是因为他生病的时候，长工也不好好干活了，家里的一切都乱套了，就是现在，床前的桌子上竟然点了两根蜡烛……这一切都让吝啬的地主死不瞑目啊。

大家都说，地主是被活活气死的。吝啬的地主死后，地主的儿子当家了，刚开始虽不能做到勤俭持家，但也还好，没有胡吃海喝、滥赌滥嫖。可是后来地主儿子想：我老爹一辈子舍不得吃，舍不得穿，临死还闹个笑话，遭后人耻笑。人活一世，图个什么啊。我可不想那样。就这样，短短几年间，那个吝啬的地主攒的万贯家财已经被儿子挥霍殆尽。地也卖了，房也卖得就剩一间了，一家人也沦落到给别人做长工的份上了。

想想那个可怜的地主，苦苦一辈子，为了那些钱财，为了那些房产，可是到头来，皆是一场空。那些生前最在意、看得比生命还重要的东西，能带到阴间去吗？不仅不能，反而在短短几年间，被败家的儿子挥霍一空。如果他能善待自己，善待家人，善待长工，如果他舍得花钱把儿子送进私塾，去学习一些纲常伦理、明白一些人情世故，也不至于落得那样的下场。可怜他啊，到死也没能想明白。

当然，这只是一个小故事，其实世间像那个地主一样吝啬的人绝不在少数，他们把钱财看得重于自己的生命，积累钱财是其一生的事业和追求，为此可以放弃健康，放弃亲情，舍弃友情，舍弃一切……只为了那些生不带来死不带去的身外之物。

其实，想想人生，想想自己，太多的时候，苦苦追寻的东西，是不值得自己付出的。中国有句古话，叫作：富不过三代。其实也是这样的道理。所以，现在很多名人做得很好，年轻的时候钱赚够了，年老的时候，就去做些慈善事业，因为他们明白，钱财是带不进棺材的，留给子孙亦是祸害。积善行德，趁着自己有能力，趁着自己活着。

此刻的你，还在妄求那些生不带来、死不带去的名利、钱财吗？或许不是名利钱财，而是一段已不属于自己的感情。静下心来，看看窗外，呼吸一口新鲜的空气，一切都能放下。

第七章

这个世界没有圆满

这个世间只有圆滑，没有圆满的。你随时要认命，因为你是人，随缘，不是得过且过，因循苟且，而是尽人事听天命。不要太肯定自己的看法，这样子比较少后悔。当你快乐时，你要想，这快乐不是永恒的。当你痛苦时你要想这痛苦也不是永恒的。认识自己，降伏自己，改变自己，才能改变别人。

1. 人生总是“一半一半”

人生总是“一半一半”，何须追求完美。凡事都是一分为二，“一半一半”。男人一半，女人一半；好人一半，坏人一半；白天一半，夜晚一半；聪明一半，糊涂一半；坚持一半，舍弃一半。

在这个“一半一半”的世界里，想要求得百分之百的圆满，几乎是不可能的，也不容易。在这一半一半的世界里，若是想要事事完美，那只能让自己、让别人活得更累，且也是徒劳。人们常说：祝万事如意，事事顺心。但人人都明白，那也不过是句祝福的话语，是个美好愿望而已。

的确，生命就像是一首高低起伏的乐章，高低错落才会显得生动而鲜活，低音衬托高音的高亢激昂，高音凸显低音的悠远深长。所谓“如不如意，只在一念间”。人生的真相便是“不如意之事，十有八九”。人生的不圆满是需要我们去面对和承认的事实，但另一方面，我们也可以换一个角度来对此进行分析，其实人生的缺陷和不圆满也是一种美，太过一帆风顺、太过于完美，反而会令我们感到腻味无限，心生厌倦而不值得珍惜了。这就是所谓的缺陷美，正如，世界著名品牌苹果的 logo 是一只豁口的苹果，远比一颗完美的苹果更具美感，更能让人产生一些美好的想象。

何止人生，世界上根本就没有绝对的完美的事物，完美本身就意味着缺憾。其实，完美总包含某种不安及少许使我们振奋的缺憾。不完美正是一种完美，“一半一半”才是一个完整的整体。

有个老汉，单身大半辈子了。50 多岁的时候结婚了。新娘是个四十刚出头的女人，但是风韵犹存，虽然没有年轻小姑娘的青春靓丽，却自有一番成熟女人的韵味，且言谈举止大方得体，真可谓上得厅堂，下得厨房。婚礼上确实风光了一把。身边的朋友都是艳羡不已，可能这帮 50 多岁的中年男人，看着自己身边的结发妻子大都徐娘半老，更是生出无限嫉妒来。

可是，这位朋友的婚礼没过多久，朋友们中间就有些流言蜚语了。原来据说，这位风韵犹存的新娘啊，可不是个简单的人物，如今和这位朋友已经是三婚了。年轻的时候也是个风流浪荡的主，要不然也不会看上这位朋友，也没钱没势力……总之，风言风语的，也没什么好话。

可这位老汉却有自己的想法，他说：“我呀，年轻的时候就特别想做个有钱人，想着怎么才能一夜暴富，从此花天酒地，畅游世界，年轻的时候也立志以后一定要娶个漂亮的老婆。领出去走在街上也是风风光光，只有让别人羡慕的份。可是啊，恍恍惚惚，50 多岁了，也没发什么大财，也没做出什么成就。还是这样，普普通通凡人一个，还好最近娶上了个漂亮媳妇。”

其实，朋友们的那些议论不算什么。这位老汉挺知足的。他后来给人说：“我老婆啊，年轻的时候是风流过。跟过两个男人，可是你不知道，她的第一任老公是个酒店老板，她呀，跟着他学会了做一手好菜；她的第二任老公，出身中医世家，她现在的按摩水平，绝对是专业的……而且她现在也是想安心踏实和我过日子的，早已收敛了以前的那些浮躁。你说我还求什么呢？一下班回家，有一桌子可口的饭菜，累了有人给按摩，烦了有个伴给解解闷。我无所求了。对于我来说，年轻的时候坏事也没少干。穷困潦倒的时候住过桥洞，帮朋友打架进过局子，人啊，谁没个过去。”

正因为他们夫妻彼此都经历了这些，所以都成熟，都知道让，都知道忍。现在一起过日子，几乎没红过脸，凡事都知道为对方多考虑一点。这一切难道不完美？这正是一种完美啊！她的前两任老公没享受上的，到这位老汉这里都享受上了，人生啊，就是“一半一半”，这“一半一半”中体现着人生的完美。

季羡林老先生说：“不完美才是人生。”不完美正是一种完美！我们老了，锈了，千疮百孔，隔一阵子就需要去看医生，来修补我们残破的身躯，我们又何必要求自己拥有的人、事、物都完美无瑕，没有缺点呢？看得惯残破，也是历练，是豁达，是成熟，是一种人生的境界啊！

2. 生活，不是追求完美，而是坦然地接受残缺

生在红尘之中，每个人都不可避免地要经历苦难和挫折，世上不存在完美，而当你面对不完美，甚至是残缺的生活时，保持一种什么样的心态，将直接决定你的人生轨迹。学会修行，学会宽容，让受伤的心灵返璞归真，顺应自然本性，保持人原有的那种质朴、纯真的自然之心。真正的修行应该是一种看庭前花开花落，望天边云卷云舒，宠辱不惊，物我两忘的恬适、超然的心态。

有时我们常常幻想：假如人生永远一帆风顺，那么到达成功的彼岸就容易多了，只要树起理想的风帆……可惜，人生却并非如此。谁都可能在追逐成功的路上遇到荆棘泥泞，甚至陷入困境。这就如同开车一样，你不能企望道路永远平整宽敞，亦如同大海上航行的帆船一样，随时都可能遇到风浪，甚至还有看不见的暗礁。

由此可见，人生在世，困难、挫折不可避免。关键看你是想战胜它，还是甘愿任由它的摆布。作出不同的选择将会有不同的命运在等待着你。其实每个人在遇到困难、陷入绝境时，都希望得到上天的帮助。事实上，世上根本就没有什么救世

主。世界上真正能救自己的，只有你自己，因为你就是你，任何人都代替不了，更何况别人也不可能随时都在你身边。

不完美的人生甚至痛苦的人生是我们并不想要的，所以，人生在世，为人处世，我们一定要学会接受现实，接受种种不公平、不如意，宽容地坦然地去面对一切残缺。

张莉是一位很普通的家庭主妇，认真地过着相夫教子的平凡生活。可是当她发现事实的真相时，她真的快要崩溃了。她无法相信同床共枕近20年的丈夫竟然那么狠心绝情，不露声色地养了小三儿还生了个儿子，转移了所有财产才提出离婚让她分不到半分家产，还以破产为由拒付女儿的赡养费。张莉觉得天一下子塌了下来，做了近10年的全职太太，她的生活早就和社会脱了节！

她很想咒骂狼心狗肺的丈夫，想当初自己为了他不惜放弃公务员的工作，为了他与兄弟姐妹闹翻，到头来断的全是自己的退路。但是，她忍住了，她知道这个时候抱怨是没有任何用处的，生活本来就是不公的，老天本就无眼，丈夫的变心也是她改变不了的现实，她也不想把自己变成新一代的"祥林嫂"，自己向来不屑怨天尤人的女人。所以，张莉很快接受了现实，她想别人已经不爱自己了，那自己更要爱自己，更何况自己还有女儿。

于是，张莉开始重装出发。先是剪掉暗淡无光的长发，修了一个利落的短发，给自己一个全新的开始。她穿起了职业装，化起了淡妆，重新开口说英语，她用最短的时间熟悉了电脑的基本操作，曾经的她可是著名大学的高才生。

为了生计，张莉开始积极出去找工作。发出去的应聘书很快得到了回复，面试的时候她表现得非常成熟稳重老练大方，获得了面试官的肯定。最终，张莉打败了众多年轻的对手，获得了一份待遇优厚的工作。签下工作合同后，张莉的心里终于舒了口气，她不但自信地活了过来，更保障了女儿的生活质量。

偶然在街上遇上无良的前夫，张莉笑着打了招呼后就优雅地转身离去，看着那个男人在原地目瞪口呆，她在心里笑着给自己鼓掌。

张莉是坚强的，她的人生没有因为摔倒而一蹶不振，相反，她及时调整了自己，坦然地接受伤害和痛苦，勇敢地再次站了起来，找到了自己全新的人生。

有一句古语说得好："从前种种譬如昨日死，从后种种譬如今日生。"人生的不如意不公平，上天给我们的残缺总比我们想象的多得多，现世种种毕竟是我们这些平凡的人无法把握和改变的，我们唯一能做的就是开阔自己的胸怀，忘掉不平，放下怨恨，接受残缺，生活才能重新获得希望。一个满心苦大仇深的人不可能获得心灵的平静，也看不到阳光的灿烂和鲜花的夺目，是不可能体会到世间真正的美丽的。

好好生活，放掉所谓的完美，勇敢地接受现实的种种不公平和不如意，坦然地面对生活给我们的磨难。人生苦短，我们不能为失去的、残缺的悲叹不止，更不能被困难、挫折打倒。跌倒不怕，爬起来看好路继续走才是真正的勇敢坚强。现实很残酷，如果改变不了现实，我们就改变自己，努力在现实中汲取各种养分，这样才能让自己的人生开出亮丽的花朵！

3. 永远要感谢给你逆境的众生

学会感谢那些给自己带来逆境的人，不管是什么样的原因，也不管是怎样的结果。如果你想要变得更加坚强，就要学会笑对他们、笑对人生。只有这样，我们才有机会超越他们，超越自己，才能真正变得越来越成熟、勇敢和无畏。

对大多数人来说，逆境总是令人畏惧的。当逆境到来时，人们总是惶恐地回避它、跨越它、远离它，不敢坦然地接近它、注视它、面对它。然而，逆境更能激励人们走向成功。处于逆境的人们，为了摆脱困难，创出一番事业，做有益于社会的事，必然会在逆境中悟出人生哲理，并为之奋斗，为之拼搏，从而走上成功之路。伟大与渺小，卓绝与平庸，深刻与浮浅，常常在这样的时候变得泾渭分明。

民国时期，有一位非常渴望在有生之年能睁开眼睛看看这个世界的盲人，他走遍大江南北，依靠弹奏二胡维持生计，四处寻找能治愈自己眼睛的人，然而过了好长时间都没能找到，从此他变得郁郁寡欢。

一天，一位江湖道士看到了这位伤心的盲人，当他弄清楚了盲人伤心的缘由之后，这位道士就对他说："我可以给你一张保证治好眼睛的药方，不过你得拉断 800 根琴弦，才可以打开这张纸，否则这帖药方就无法生效。”

盲人听了非常高兴，整个人立刻充满了希望，他收好秘方，并在当地收了一个失明的小徒弟，满怀希望地带着徒弟踏上了旅途，四处行走卖艺，尽心尽力地教授徒弟，生命充满了希望的能量。

30 年过去了，盲人因其精湛的二胡技术成为了有名的琴师，当他拉断了第 800 根琴弦的时候，便找出收好的秘方，交给了身旁听他拉琴的人，问他上面写了些什么字。对方接过秘方看了看，满带困惑地问：“你确定是这张吗？这是一张普通的白纸，上面没有任何字啊！”

这句话就像一道晴天霹雳打在了盲人琴师的头上，他立刻感到一阵晕眩，忍不住难过地流下了眼泪。但转瞬间，他突然想起道士满含深意的话和要求他“拉断 800 根弦”的真正意义，继而无声地笑了。他终于明白了道士的真正意图，正是因为有着这个“秘方”，才让他带着自信与希望尽情地表演了下去，愉快地走过了 30 个年头。

盲眼琴师悟透之后，心中非常感谢当初的道士，为了激励鼓舞自己双眼失明的徒弟，他效仿道士，把徒弟叫到跟前，郑重地将那个“秘方”转交给渴望看见光明的弟子。他认真地对徒弟说道：“我这里有一张秘方，保证能治好你的眼睛。不过，你得在拉断了 800 根琴弦之后才能打开这张纸，否则药效将会丧失。我老了，不能永远陪着你，你应该自己去闯荡了，去吧！认真、尽情地到世界各地去吧！等到第 800 根琴弦拉断的时候，你就会看见这五彩的人生。”

人生布满了荆棘，我们晓得的唯一办法是从那些荆棘上面迅速踏过。人生是不平坦的，但同时也说明生命正需要磨炼。燧石受到的敲打越厉害，发出的光就越灿烂。正是这种敲打才使它发出光来，因此，燧石需要感谢那些敲打。人也一样，感谢带给你逆境的人，你就是在感恩命运。面对人生中各种各样的不顺心事，你要保持感谢的态度，因为唯有逆境才能使你不断地成长。

没有谁的一生会一帆风顺。任何一个人随时都会遇到逆境，懦夫在它面前停滞不前，而勇士却在它面前再一次获得新生。苦难的逆境，使懦夫变得卑琐乖戾，但却使勇士变得坚韧而崇高。那累累的创伤，恰是生命给予的珍贵，那每一个伤口，都是一次次演练、一次次登高、一个个顿悟。

“宝剑锋从磨砺出，梅花香自苦寒来。”逆境是人生的必修课，不要因暂时失败而长吁短叹，不要因路途坎坷而灰心丧气，更不要因厄运重生而意志消沉。我们要正视逆境，在逆境中奋力拼搏。当我们用不屈不挠的精神在逆境中奋斗并获得成功时，你一定会由衷地说声：感谢带给我逆境的人，感谢逆境！

4. 生活在别人的眼睛里，必将迷失自己脚下的路

有的人活出了别人眼中的精彩，丢弃了自己的意愿，活在别人的标准里，迷失了自我价值。别人的一句诋毁足以泯

灭你所有的信心，因为太在意别人对自己的看法，所以你总是活得很累！其实，太在乎别人的看法只能扰乱自己的方寸，而使自己活得愈加沉重！

相信自己才是最重要的，过分在意他人的评价，只会让自己更加“穷忙”，势必会迷失自己脚下的路。其实，只有我行我素，不为别人的目光违背自己的心意，尊重自己生活的行为方式，活出自己的精彩，做自己真正想做的事、想做的人，才会达到快乐自在的人生状态，如鸟儿一样轻盈地飞翔！当然，人人都好面子，尤其是中国人，自古以来便如此，每个人都很在意自己的形象，这是正常现象，但不能因为要面子而失去自我。

很多时候我们不快乐，是因为我们太在乎别人的眼光。在我们生活的这个世界里，他人怪异的眼光和恶毒的话语是常常存在的，我们总是不可能做到讨每个人的欢心。在这个时候，让我们把这些事情暂且放下，那样我们的心情就一定能平静下来。太在乎别人的“眼光”，只会使你做事畏首畏尾，养成没有主见的性格。太在乎别人的眼光肯定会使一个人失去自我、毫无个性。一个没有自我、没有个性的人肯定无法成就大事，也不可能发现自己的价值所在。

有一个小男孩，从小眼睛有点斜视，上学的时候总是被同学们嘲笑，时间久了，慢慢地他开始不敢抬起头来走路。不管有没有人，不管在哪里，他总是低着头，从来不敢抬起头来。尤其是当他听到一些小声的议论，他就想：

他们一定是在嘲笑我眼睛斜视，他们肯定又给我起了各种外号。越这样想时，他的头越不敢抬起来。甚至走路都不会走了，经常因为低着头不看路，不是碰到树、电线杆，就是撞到人，别人更是肆无忌惮地嘲笑他，而他的头就更不敢抬起来了。

上课的时候，他从来不敢回答问题，怕别人的眼睛盯过来，怕别人注意到自己的眼睛，他也从来不敢正视别人的眼睛。就这样，整个中学时代，他没有朋友，没有知己。小男孩的内心痛苦到了极点。一个人的时候，他忍不住躲在被窝里哭泣，埋怨老天爷为什么对自己如此不公，那么多人的眼睛都是正常的，为什么就自己偏偏是斜视。

其实，多少次，小男孩下定决心，想要抬起头来走路，迎接别人的目光。可是多少次，头沉重得似乎有千斤重。他没有勇气面对别人的目光，那一道道犀利的似刀子一般的目光，从幼年时期就伴随着他……

上大学的时候，小男孩决定改变自己。开学之前，他去看医生。面对着眼科专家，他说出了自己的病情、自己的苦恼。那个专家听完他的叙述，笑了，说："孩子，你需要找的不是眼科专家，而是心理专家。你需要先克服自己的自卑心理，学会抬起头来走路。否则，就算眼睛治好了，你的根本问题还是没有解决，你依然不敢和别人交往，你依然不敢抬起头走路，不敢正常地去交朋友。其实，你的斜视并不严重。矫正几次就能痊愈。孩子，解开你的心结，你是活在自己的心里，不是活在别人的眼睛里。你记住，在别人眼里，你远远没有你想的你以为的那么重要。”

听完医生的话，男孩陷入了沉思。他回想了自己这些年的经历，他觉得自己是该好好反省一下自己了。这些年来，真正的问题不在于他的眼睛，而在于他的内心。

其实，别人对你的评价不一定都是完全正确的。有些人评价别人时可能专挑坏的讲，故意贬低你，这样就会让你低估自己，自卑消极，觉得自己一无是处。有些人评价别人时专挑好听的说，如果以此为据，你可能会错误地高估自己，自我感觉良好，于是可能看不起别人，会目中无人，自以为是。其实只有自己才是最了解自己的，要对自己有一个正确的评价，并以此为基准提升自己。别人眼中的你可能很表面，所以，你没有必要从别人的口中去了解自己。虽然有时候可能会出现“当局者迷，旁观者清”的情况，但多数情况下旁观者的意见仅作参考即可。

和人交往的最佳境界是不卑不亢，这样才能不失去自我。在生活中，我们经常会发现，有些我行我素，对别人的评价不怎么理会的人却往往很让人羡慕，因为他们活得随意而潇洒。

人活在自己心中，而不是别人眼里，坦然告诉自己，生活中，一些无聊之人必会做无聊之事，这一切，都无需放在心里。我们只需要做自己喜欢的事，坚持自己想要的，勇敢地向前走，你一定能找到属于自己的幸福！

5. 人生的缺憾，往往就是成功的入口

在现实生活中，几乎所有人都渴望成功，渴望生活成功、事业成功、爱情成功……但人有悲欢离合，月有阴晴圆缺，此事古难全，人生总会有很多缺憾。而人生正是因为有了这些缺憾，所以，我们才会拥有追求“完美”的动力。有缺憾可喜，没有缺憾可怕。缺憾可以催人奋进，通过努力，弥补缺憾，通向成功。

人生在世几十年，缺憾时时刻刻都会出现在我们身边。正因为有很多缺憾，人才会有很多希望。人们本能地排斥缺憾，又躲不开缺憾的纠缠，很多时候，完美只是昙花一现，就如流星划过天空，忽然之间就消逝了，而缺憾却是永恒的，亘古不变。因此，我们要学会在遗憾背后寻求成功，在遗憾背后看到完美。

试想，如果一切都是完美无缺的，哪还有奋斗的动力。缺憾是人生必需的调味品，没有缺憾，那生活必然索然无味。人们之所以能成功，正是因为总是在生活中期许弥补缺憾。这种对缺憾弥补的追求化为人生前进的动力，所以人生的缺憾是成功的入口。

当代有个著名作家史铁生。他发表过很多优秀的作品，如《我的遥远的清平湾》《我与地坛》《病隙碎笔》，曾数次

获得过好评和各种文学奖项。可是比起他优秀的文学作品，他的经历更让人敬佩，他与病魔的顽强战斗、不屈服的毅力值得我们每一个人学习。

1972 年他在陕北插队的时候，突然患病，治疗了一段时间后，他还是不可避免地坐上了轮椅。刚开始的时候，他每天都一个人坐在轮椅上，不出门，也不和朋友沟通交流，对家里人也是脾气暴躁。其实，对于任何突然遭受这样的打击的成年人来说，他的行为是能够理解也应该被理解的。毕竟，18 岁的少年，正值青春年少，情窦初开。说不定他心里已经有了心爱的姑娘。可是，突如其来的灾难把这一切都变成了泡影。

刚开始的那段时间，他大部分的时间是在一个荒废的园子里，一个人冥思苦想，他想自己存活的意义、生命的价值。病痛日日夜夜折磨着他，让他不得安睡，他便日日夜夜地思考，思考着人生，思考着生与死、残缺与爱情、苦难与信仰。他的《我与地坛》便是这样苦苦思索得来的。在那篇散文中，他详细地叙述了自己刚刚坐上轮椅的那段时间的苦闷、母亲的忧心、自己整日在荒废园子的所见所闻所感。他终于顿悟：死是一件不必急于求成的事，是一个必然会降临的节日。虽然不是积极乐观的，但对于时刻游走在生死边涯上的人来说，是一种鼓励，是一个活下去的理由，因此活着就必须承受生活的重压。他曾几次悲观欲自杀，但当他终于觉悟到无差别便不成为世界时，他便坦然“接受”了残疾之躯，“接受”了自己与别人的差别，并努力做一个精神上、心理上的健康人。

史铁生曾经在记者采访中提起过，自己是在身体残疾、坐上轮椅之后，才走上写作之路的。刚开始，只是要为自己找个谋生的职业，因为身体残疾了，其他的体力活，要每天出门赶公车的工作是与自己无缘了。慢慢地就越写越多……

如果不是史铁生突然遭遇身体残疾这样的人生磨难，也很难说他会走上写作这条道路，但我们一定可以说，他的作品很难有他现在的那种思想的深度和精神的开阔，在他的作品中涉及的生、死、爱情、苦难、写作、艺术等重大问题，以及“我”如何在场、如何活出意义来这些普遍性的精神难题。正因为他的身体残疾了，没有了腿，他才会对苦难有那么深刻的体会和领悟，对那种一心赴死的心绪描述得那样深刻。

他曾经这样说自己：我的职业是生病，业余时间就写作。生命的巨大磨难与不公，却造就了他辉煌的写作生涯。他以作品、以他的苦难抗争史给无数的残疾人甚至身体健全者带来鼓励和生存的勇气，给他们带来乐观的心态和健康的心理。

当然，我们之间也有这样的人：觉得自己没有缺憾，活得很好。在大学里，不乏那些心思不花在学习上，三天打鱼两天晒网的人，专业知识，社交技能，兼职工作经验，什么也没有。只觉得能“混”出大学毕业就很幸运了，哪还有缺憾。这种在别人眼里完全荒废学业，而自己却丝毫不察觉的人最可怕。他们的人生态度是：糊里糊涂，得过且过，做一天和尚敲一天钟。抱着这种人生态度的人，从学生时代又走上社会，是永远也找不到成功的路的。

世界上根本就不存在完美和圆满，即使缺陷再大的人也有其闪光点。人们之所以能成功，正是因为总是在生活中期许弥补缺憾。这种对缺憾弥补的追求化为人生前进的动力，不断修正人生航向，创造人生幸福，实现人生价值。

6. 缺陷固然不幸，但并非绝境

天将降大任于斯人也，必先苦其心志，劳其筋骨，饿其体肤，空乏其身……生活太累，磨难太多，甚至上天会带给你一些缺陷，但是，如果因此而萎靡不振、摇摇欲坠、意志不坚，那么你又如何能够享受独立的人格尊严呢？自带缺陷固然不幸，但这并非绝境，命运就在你的手里，路就在脚下，只要坚持着，努力着，自然会闯出一条光明大道，踏上属于自己的美丽征程。

每个人或多或少都有缺陷，这是现实存在的，即使我们不愿意接受，也是无法逃避的。所以，如果想真正过上幸福的生活，就要有足够的心理准备，当命运不公时，学着用乐观、向上的心态来战胜困难，将它踩在脚下，不给它一丝喘息的机会。唯有在生活中积累经验，提高自己的耐挫能力，弥补自己的缺陷，才能从人生的低谷中走出来，在逆境中奋起，到达幸福的彼岸。

我们都知道，奥斯卡金像奖是全球影视界最权威的奖项，许多演员都把获得它作为毕生的追求。1987 年 3 月 30 日晚上，第 59 届奥斯卡金像奖的颁奖仪式在洛杉矶音乐中心举行。在热情洋溢、激动人心的气氛中，许多奖项被一一揭晓，但最受人关注的还是最佳演员奖。对于演员来说这是自身不断努力的最好证明。到了最佳女主角奖的揭晓时刻，每个女演员都屏息以待，颁奖人宣布：获得最佳女主角奖的是玛莉·马特琳。对于这个结果，演员们都很服气，全场立刻爆发出经久不息的雷鸣般掌声。

玛莉·马特琳缓缓走向领奖台，她看着手中的奖杯，激动不已。从她的眼神中可以看出她有很多很多话要说，可是人们没有看到她的嘴动，接着她又把手举了起来，并打起了手势，眼尖的人已经看出她是在向观众打手语，内行的人已经看明白了她的意思：说心里话，我没有准备发言。此时此刻，我要感谢电影艺术科学院、全体剧组同事。

至此，人们才知道，这位史上最年轻的奥斯卡金像奖最佳女主角奖获得者，竟是一位聋哑人。玛莉·马特琳并不是天生就如此。出生时她是一个非常正常的孩子，但她在出生 18 个月后，被一次高烧夺去了听力和说话的能力。

即便如此，这位聋哑女并未对自己的生理缺陷时时抱怨，她还是对生活充满了激情。从小就喜欢表演的她 8 岁时加入伊利诺伊州的聋哑儿童剧院，9 岁时就在《盎司魔术师》中扮演多萝西。虽然听不见说不了，但她可以学习手语，并且还时常被邀请用手语表演一些聋哑角色。正是这些表演，使玛莉认识到了自己生活的价值，克服了失望心理。她利用这些演出机会，不断锻炼自己，提高演技。

让玛莉真正走向银幕的是她在舞台剧《小上帝的孩子》的演出。她饰演的只是一个次要角色。当时，她只有19岁。与此同时，女导演兰达·海恩丝有意将《小上帝的孩子》拍成电影。为了物色女主角——萨拉的扮演者，兰达·海恩丝大费周折。她用了半年时间先后在美国、英国、加拿大和瑞典寻找，但竟然都没找到中意的。于是她又回到了美国，在观看舞台剧《小上帝的孩子》的录像时，她发现玛莉的演技十分高超，是很适合的人选，于是决定立即启用玛莉担任影片的女主角，饰演萨拉。

玛莉扮演的萨拉，在全片中没有一句台词，其实这是最难得的。她必须全靠极富特色的眼神、表情和动作，来揭示主人公矛盾复杂的内心世界——自卑和不屈、喜悦和沮丧、孤独和多情、消沉和奋斗。玛莉十分珍惜这次机会，她勤奋、严谨、认真对待每一个镜头，用自己的心去拍，因此表演得惟妙惟肖，让人拍案叫绝。

凭借顽强的努力，玛莉·马特琳成功了，并成为美国电影史上第一位聋哑影后。正如她自己所说的那样：“我的成功，对每个人，不管是正常人，还是残疾人，都是一种激励。”

从玛莉的身上我们看到，身体有缺陷对于人类来说这确实是不幸之事，但玛莉并未因此抱怨放弃。她知道，这并不是一种绝境，也许还会是一笔宝贵的财富，她的坚持和努力成就了她，她做到了常人都无法做到的事情。

生活，会有伤痛，但是没有永远的伤痛。再深的伤口，再痛彻心扉，也总会有痊愈的那一天；人生，没有绝境，仅仅只需要一步，你就能跨过去。但是，如果你只是封闭自己，暗自垂怜，只能蹉跎了岁月，熬白了头发，唯有想办法跨越绝境，才是明智之举。人生，没有永远的“坎儿”，一切总会过去，该结束的总要结束，关键是那个“跨越”的过程，你该如何把握。

7. 这个世界只有圆滑，没有圆满

哲学家认为，世界上的事情都是处在不断的变化发展之中的，任何事情都不会保持着原样一直不变。世界上的事情就没有完全圆满的，我们应该学会在不同的情况下去灵活地面对，不能一味地固执己见，很多时候我们应该学会改变一下自己的思维，事情的发展会比想象中好。

人活在世上，无非就是两件事——做人和做事，很多人一生都纠结在如何为人处世的痛苦中。人生在世烦恼无量，人生没有笔直路，坎坎坷坷过一生。世界上的事情不存在完全的圆满，总会有这样或者那样的不如意。一个人如果想要在社会中活得逍遥自在，就要在面对实际情况的时候，作出适当地改变，才能让事情朝着比较圆满的方向发展。很久以前，中国古代铜钱的“内外方圆”就被用到为人处世领域，古人谆谆教导我们要“方圆处世”，方为做人之本，圆为处世之道。在我们的为人处世过程中，谨记古人的教诲，有圆有方，处世灵活，学会变通。

我国古代历史上最受人尊崇的儒家代表人物孔子，他一直被人们尊称为孔圣人，但我们眼中的这位圣人事实上就是一个懂得变通的人。他在传授儒家学说的过程中，也遇到了很多的困难。当没有办法改变眼前的事实的时候，孔子就改变自己的思维，从而使自己的传学之路更加顺利。

一天，孔子和他的弟子来到了郑地云游讲学，正在他们刚刚讲了一半的时候，突然来了很多官兵把他和弟子团团围住。众弟子都很慌乱，孔子却保持着镇定，等着官兵中的头目说话。原来，当地的一个权贵听闻孔子到自己的地盘上讲授儒学，担心人们听信了孔子的教化而影响到自己的利益，于是他和自己的谋士商量好要把孔子赶出郑地去。

带头的官兵走到孔子面前，把孔子的书扔了一地，并且拿着刀威胁孔子和他的弟子道：“带着你的书和人滚出这里，要不然我就杀了你！”在这个危急的时刻，孔子的弟子们都作好了和老师一起为了他们的信念而付出生命的准备，但是令他们没有想到的是，孔子一点都没有反驳，反而毫不含糊地向官兵头目保证道：“是，是，小的遵命，我们这就收拾东西，离开，再也不传学了。”

当孔子和弟子们在众目睽睽之下，收拾好书籍狼狈离开郑地之后，这帮官兵才回去复命。经过了一整天，孔子才带着弟子们找到了一个安全点的地方。等稍微安顿下来之后，孔子吩咐弟子们去准备各项讲学的事宜。这下让弟子们更摸不着头脑了。孔子看着弟子们的表情就猜到了他们的心思，于是他把所有人叫到了一起，有个胆大一点的弟子问道："老师，您不是教我们要讲诚信吗？我们刚才在郑地的时候已经跟别人保证了不再讲学，可是您现在又让我们准备讲学，这不和您教给我们的矛盾了吗？"

孔子把这个弟子叫到自己的跟前，很严肃地问弟子："那你告诉为师，你觉得我们传授儒学是对是错？"弟子回答："儒学所传授的都是对世人好的学问，所以是对的。"孔子听到弟子的回答，哑然一笑，接着说："既然我们没有错，那么郑地人的要求就是无理的了，我们在面对无理之人的时候就该用无理的办法，当然，对于无理之人的约定也就不必那么认真了。"

弟子听了老师的这番话，才恍然大悟，倘若不是老师当时的办法，他们现在可能性命都不保了，更不用说继续传播儒学了。

通过孔子和他弟子的这个故事，我们可以看到像孔子这样的圣人在面对危险时都懂得用变通来自保，等危险过去了，他就可以继续传播他的儒学了。如果当时孔子没有变通自己的思想的话，那么我们今天也就不可能接受到儒家文化的熏陶了。所以，在环境变化或者是形式变化的时候，我们的处世方式也应该学会变化，用更灵活一点的方式去解决问题，那么很多事情就会变得容易解决。

从古至今，很多的事实都证明，许多的成功人士一生不败，关键就在于懂得处世灵活、适时变通的道理。只要学会在适当的时候作出改变，不固执坚持不变的规则，那么距离成功就会更近，我们看似解决不了的问题也会变得容易一些。

第八章

尽人事，听天命

人生在世，总会遇到诸多挑战。面对困境时，我们应当保持积极的心态，不胆怯，不退缩，鼓足勇气寻求解决的方法。当作好充分的应对措施之时，就要顺其自然。功到自然成，思虑太多只会徒增烦恼。

1. 以出世心态做人，以入世心态做事

常怀出世之心，看得淡功名利禄、放得下愤懑幽怨，得之我喜、不得无忧，人生哪里还会有什么烦恼可言？常怀入世之志，展开满腔抱负、托起生命之翼，人生才能充实、有意义。做人当如隐士，在滚滚红尘中淡泊明志，虽泰山崩于前而面不改色；做事当如战士，在人生战场上披坚执锐，敌临千军万马而奋勇向前。

人活着总要谋生，不论是为自己，还是为社会，都来不得半点虚妄。需要付出时，就积极主动地付出，这样生活才能充实、才能有意义。一个人做事的最佳态度就是高调，高调是一种奋发向上的态度和理念，也是一种责任和气魄，亦是一种自信和自强不息，更是一种精益求精的风格和执着追求。面对困难挫折、失败低谷，要以自信的态度去应对，给自己一个希望。这就是做事的“入世”心态。

但是，仅有积极的态度还不够，我们还需达观的智慧。人生一世，如同草木枯荣一般匆忙短暂。“有缘即住无缘去，一任清风送白云”，不论你是王侯将相，还是黎民苍生，不论你天资聪颖，还是愚笨迟钝，最终都摆脱不了一个毫无二致的结局。人生到底是一出悲剧，一抔黄土掩尽生前所有风流。有了这样的洞察，人们就会在不免有些苍茫的悲凉中，获得某种顿悟，把世事看淡，苦乐随缘，得失随缘。不要太在意一时的得到或失去，因为人生的最高意义在于自己的经历。结果带来的只是一时的兴奋或沮丧，过程带给你的才是生命中最珍贵的体验。然而，随缘并不是认命，而是对于无法改变的事实，应该学会放下，随缘而行，随遇而安。这就是做人的“出世”心态。

由此看来，一个人最重要的是摆正心态，才能笑对人生。该努力的时候积极奋进，尽全力去达成目标，即使失败也不会有遗憾了。然而，一个人入世太深，就会陷入烦琐的生活末节之中，把实际利益看得过重，注重现实，囿于成见，难以超脱出来冷静全面地看问题，也就难有什么大的作为，这时就需要尊重生命、尊重客观规律的“出世”心态。因此，出世与入世是相辅相成的。人生在世，最重要的是以“入世”的态度去耕耘，以“出世”的态度去收获。

叶薇是一个二流大学的本科生，刚毕业到社会上找工作时到处碰壁。受尽委屈、尝尽心酸后，她被一家杂志社录用。叶薇非常珍惜这次得之不易的工作机会，下定决心要做出些成绩，以前找工作的委屈和辛酸成了她拼命工作的动力。她成了杂志社的工作狂，一日三餐都是在办公室解决，加班到深夜成了家常便饭。

刚进杂志社的新人成为某个栏目主要负责人的机会很少，叶薇认为只有成为某栏目主要负责人，她的工作能力才能被领导发现。于是，只要一有机会，她就会去千方百计地争取。有好多次，为了得到一个项目，她都付出了沉重的代价，比如惹得好友反目、推掉与爱人一起旅游的决定等等。甚至有一次，为了得到去日本受训的机会，她竟然狠下心打掉了自己怀上的第一个孩子。由于她的拼命，她的不择手段，刚进杂志社三年，她就成了备受老板赏识的主编。然而，身在高位的她没有原本想象中的快乐，她再也不用被人嘲笑挖苦，可以一票否决与原来嘲讽过她的公司合作，可以一句话就把看不顺眼的同事调走或炒掉，但是她却找不到一个能和她一起吃顿午饭的人。

当丈夫把离婚协议书递到她面前时，她慌乱了，她已经让自己变得这样优秀，为什么幸福和快乐却在一点点地溜走。

丈夫撕扯着自己的头发痛苦地说："你能成功，作为丈夫，我很骄傲。但是，你的眼里只有你的理想和目标，你从来都没有珍惜过我们的爱情，没有珍惜过我。"

叶薇突然间不知所措："我……我很珍惜，我记得我们所有的纪念日，我记得你的生日、公公婆婆的生日……"

丈夫打断了她的话："可是，三年来这些日子，你在场过多少次？你总是把结果看得那么重要，忽视了身边的一切。”

丈夫离开后，叶薇把自己关在卧室静静地思考着她的三年。这三年来，她几乎每天都在工作，每天都在为主编的位置牺牲着健康和幸福，她失去了朋友和同事的信任，失去原本应该会叫妈妈的孩子，失去了公公婆婆的好感，最终也将失去丈夫的爱。原来，她一直在失去，却傻傻地认为自己一直在得到。

“叶薇像变了一个人。”这是叶薇离婚后，杂志社的同事说得最多的一句话。她褪去了满身戾气，做回了大学时代那个淡淡的女子。她每天还是努力工作，但是懂得了劳逸结合；她还是会为自己制订目标，但是懂得了过程才是最美好的；她还是要和同事竞争，但是懂得了人的感情是什么都无法超越的。

有了这样的改变，大家看到的是一个工作努力、为人和善的叶薇。不久，她又迎来了一段新的婚姻，有了一个幸福和睦的家庭。

故事中的叶薇以“入世”之心对待工作是无可厚非的，她热爱工作、能力出众，深得上司的赏识。但是，她太看重结果，为了达到目的不择手段，在与人相处上依旧保持“入世”的态度，为自己徒增烦恼。“入世”太久就需要用“出世”之心来使自己获得安宁；相同，“出世”太久也需要有“入世”之心来提醒自己奋斗。

2. 心随境转是凡夫，境随心转是圣贤

人之一生，顺少逆多，关键要看心态。良好的心态有时可以把逆境转成顺境、坏事变成好事。而心态随着环境变化而变化，喜怒哀乐就会受到环境的控制。人心好像厚重的城堡之门，没有外面的锁，只有里面的闩。别人在外面怎么敲门，都不如自己轻轻一拨。就是这样一个转念，境况就大不相同，那么为什么要和自己过不去呢？

人生在世，始终一帆风顺可以说是天方夜谭，有顺风也有坎坷，有平坦也有荆棘，如何去面对生活的原味，心态最重要。面对挫折艰险，积极的人视之如粪土；消极的望而生畏，徘徊不前。积极的人以清泉润眼，看到的是一片澄明的世界和美好的前程；消极的人则因浮尘障目，眼前呈现一片灰蒙和黯淡。积极的人在每一次忧患中都看到一个机会，而消极的人则在每个机会都看到某种忧患。

每个人都有一间屋子，都有一扇窗。暴风雨来临后，有的人选择关了窗，拉上了窗帘，让自己蜷缩在阴暗与寒冷中，从此没有朋友、拒绝阳光；而有的人却依旧如往常一样开着窗，当暴风雨过后，他会闻到被大雨滋润的土地清香，看到阳光下梦幻般的彩虹。心随境转，美丽的风景就会被关在窗外；以积极的心态挑战逆境，生活就会对你的勇气给予

奖励。

沈师傅是大学餐厅的卖粥师傅。餐厅里其他的粥铺一般都是早上和晚上卖粥，而沈师傅家的粥铺却是一天 24 小时营业。生意这么兴隆，不是因为沈师傅的手艺特别好，而是因为大家都喜欢沈师傅的为人。沈师傅把粥名都编成顺口溜，有时还会编成歌曲，在有顾客的时候唱给大家听。沈师傅还喜欢讲笑话，总是能把学生们逗得很开心。沈师傅每天都是高高兴兴的，似乎每一根头发都带着笑意。看到他大家就会莫名其妙地高兴，不由自主地就想多光顾他的粥铺。

很多人并不知道，沈师傅其实有一段非常暗淡的人生经历。20 世纪 90 年代，国有企业大改革，原本在食品厂工作的沈师傅夫妻都被列在了下岗名单中。如同现今员工被老板炒掉一样，沈师傅一家瞬间都失去了生活来源。本来日子还有一线生机，沈师傅夫妻都是在食品厂工作，租个摊位卖早点还能凑合过日子。谁料想，“屋漏偏逢连夜雨”，沈嫂突然被查出乳腺癌晚期。家中本来就没有多少积蓄，下岗之后已经花得差不多了。沈师傅四处去找亲朋好友借钱，却怎么也凑不齐手术费用。医生只能惋惜地让沈嫂回家静养。

沈嫂的身体一天天地虚弱，沈师傅的心情也越来越差。终于有一天，沈嫂似乎是感到了自己大限将至，强打起精神和沈师傅聊天：“健健康康地享受了40 多年的人生，我已经非常满足了。比起那些生来就残疾，或者还没有享受几天人生就离开人世的人，我要幸福多了。”

沈师傅坐在妻子的病床前痛苦不堪：“都是我没有用，

害你没过上几天好日子，还凑不到钱为你治病，有时候真的想这生活还有什么意思。”

沈嫂笑了笑说：“你是不是想和我一块走，要和我同年同月同日死，那我就当成是你对我的感情很深呢。我可不想我的丈夫在困难面前是个胆小鬼。世上事哪里会件件顺利，关键要看人怎么想。你往好处想，生活就还不错，你如果往坏处想，那生活就真是太黑心薄情。”

听了妻子的话，沈师傅突然如醍醐灌顶，心中一片澄明。生活既然把厄运加在他的身上，他不能自己再给自己施压。妻子的病已经没有康复的希望，那他就要在妻子人生的最后一段时光里，让妻子过得快快乐乐。原来的工作既然已经不能做了，经济发展的步伐也不会停下来等他，他再怨天尤人也于事无补，他应该积极地去寻找新的出路。

沈嫂在一个风和日丽的日子带着笑容离开人间，沈师傅知道最后的日子她过得很幸福。沈嫂去世后，沈师傅来到儿子上学的学校开了一家粥铺，工作虽然比以前辛苦，收入也与以前无法比较，但是沈师傅很开心。因为他总是以微笑面对世界，世界还给他的也是甜甜的微笑。

故事中的沈师傅，在突如其来的事业和爱人癌症晚期的双重打击下，甚至有了轻生的念头。这就是心情被境遇左右，烦恼忧愁似乎总是没完没了地缠在身边。听了沈嫂的话后，田师傅突然顿悟，开始以一颗积极的心态面对人生。这时候的沈师傅是一个幸福的人，有儿子陪在身边，生意红火兴旺，在别人看来似乎事事称心如意。

微笑的人看世界鸟语花香，笑容就会越来越甜；流泪的人看世界，鸟在聒噪，花在招摇，泪水就不会停止。开心也是一天，不开心也是一天，所以微笑着看世间的一切吧，让顺境和逆境都被你的笑容感染。

3. 人生没有绝望，只有想不通

世间的事都是活的、变化着的，一切皆无定论。即使到了山穷水尽的地步，换一个看问题的角度，就会是柳暗花明的另一番景象。天下没有绝对的事，人生也没有绝路，只有悲观的人才会以绝望的心态把自己逼上绝路。苦难对于弱者来说是万丈深渊，而对于强者来说则是一块不起眼的垫脚石。你我都要做个强者，等待一切豁然好转的时刻。

人生无完美，曲折亦风景。偶遇不顺、遭遇不幸，皆是人生常态，要学会辩证看待。只要生命还握在手心，人生就没有绝望。每一次创伤都是一种成熟，每一次失去都是一种获得。当步履蹒跚、前行缓慢时，你有可能是在走上坡路；当你为自己所失去的东西而黯然神伤时，生活有可能正在为你准备另一份丰厚的收获。面对人生的曲折，我们要学会坚持与忍耐，谁也不知道你下一秒的收获到底有多少，相信属于你的风景就在峰回路转之间。

刘维佳已经是面临毕业的大四学生了。6月的合欢花把校园装点得鲜活生动，同学们都开始为毕业作着准备。操场上、图书馆内、校训石旁到处可见穿着学士服的一张张笑脸。

刘维佳却怎么也高兴不起来。春节前她参加了研究生考试，原本满满的信心在成绩出来后被打击得一点不留。那时她还能自嘲地说省去了几年的学费，不用在校园里浪费青春了。收拾好心情她开始紧张地准备毕业论文和投简历找工作。命运似乎偏偏与她作对，万分之一的论文不合格比例她都能碰上。论文不及格就等于要延迟毕业。

补修的这一年里，她没有学士学位证书和毕业证书不能签任何工作，还要交双倍的学费。这些都不算什么，最主要的是老师同学对待她的态度。她成了系里的名人，老师同学看她的眼神就像看待一个怪物。刘维佳把自己关在宿舍，整整一个星期没有出去见人，啤酒喝了十几瓶，身体一下子消瘦了许多。一个星期后的下午，刘维佳的男朋友找到了她，这是她论文不及格后，男朋友第一次来学校看她。她本想抱着男朋友大哭一场，却不想男朋友是来和她谈分手的。男朋友给出的理由是家人着急让他结婚，他已经没有时间再等刘维佳。可刘维佳分明看到男朋友在一直回短信，这只能说明一个问题，男朋友已经变心了。

看着男朋友决绝地离开，刘维佳突然感觉生无可恋。念了十几年的书，该收获的时候却一无所有，还被当成笑话传播；在一起五年的男朋友，到了谈婚论嫁的时候说变心就变心。命运怎么就这样无情，在一瞬间把所有的痛苦都加诸到她身上。与其这样痛苦地活着，倒不如舍弃这几尺残躯，一了百了。刘维佳神情恍惚地爬上了学校图书馆的楼顶。

巡逻的校卫队发现了站在楼顶的刘维佳，马上部署救援措施。老黄是一个很有经验的保安，站在楼梯口与刘维佳进行交谈。从学校送来的资料了解到刘维佳的情况后，他说："你应该感谢命运让你及时地看清了一个男人的真面目。如果你已经嫁给他了，才知道他对感情如此不专一，你面临的将是复杂的离婚而不仅仅是失恋。如果你们已经有了孩子，那事情就会更加糟糕，你可能还会陷入财产大战和夺子大战中。从这一点看，命运对你还是很优待的。至于延迟毕业，这并不是谁的错，而是你的能力还不够。如果明明知道你能力不足，还让你如期毕业，你到社会上会遇到更大的困难。倒不如用这一年的时间，把落下的学业赶上去，明年顺顺利利地到自己心仪的公司大展拳脚。"

刘维佳原本绝望的心被老黄的一席话说动了，校卫队趁机救下她送回宿舍。刘维佳静静地思考了一段时间之后，决定坚强地面对命运的考验。慢慢地她发现，老师同学其实还和原来一样对待自己，只是自己误会了他们；对于负心的男朋友，她也不再痛恨了，人的感情本来就不可捉摸，谁都无法知道下一刻你会爱上谁。

故事中的刘维佳因生活的重重打击选择结束生命，这是悲观人的极端做法。换一个角度思考问题后，她发现生活原本并没那么糟糕，只是自己钻进死胡同里不愿意走出来而已。只要坚信命运给予我们的一切都自有它的道理，美好生活就在不久的将来，所有痛苦都会在我们面前退缩。

生命是上天赐予我们的特殊礼物，即使陷入了寂寞、空虚的泥潭，我们也应当去积极追寻坚强的理由。只要有一线希望，我们就要坚强地走下去，下一个路口就会有不一样的风景。人生本来就没有尽头，只有人们的看不透。如果你能顿悟到坎坷泥泞都是生活对你的历练，坦途就会在汗水和泪水之后等待着你。

4. 日久不一定生情，但必定见人心

俗话说：画龙画虎难画骨，知人知面不知心。由此可见知人之难。在我们的周围有着很多人，家人、同学、同事、朋友，想要看透人心，唯有交给时间。时间是一个很好的鉴别器，在长时间的相处中，即使产生不了深厚的感情，但一定会映照出人的内心。正所谓“路遥知马力，日久见人心”，说的就是这个道理。

俗话说“日久见人心”，也可以说是“事久见人心”。日久或事久都表示不能在见面之初就对一个人的好坏下论，因为人为了生存和利益，大部分都会戴着面具，让你难辨真假。所以初见面后，无论你对对方是“一见如故”还是“话不投机”，都要保留一些空间，冷静地观察对方的作为，因为人再怎么隐藏本性，终究是要露出真面目的，所以我们不

妨用时间来看人，检验出一个人的真性情。

历史上也有很多人因为看不透周围人的内心而深陷困苦，遭受凌辱。孙膑和庞涓从小就非常喜欢军事，而鬼谷子先生是当时著名的兵法大师，于是二人同去拜师学艺。他们多年同窗，情同手足，并且常常以兄弟相称。

虽说二人情谊深厚，但他们的性格却截然不同。孙膑为人谦逊忠厚，与师兄弟们相处也很和善。并且他又勤奋好学，加上天资聪明，很快便从师父那里学到了较丰富的军事学知识。而庞涓却是心胸狭窄、骄傲自大、阴险狡诈之辈。他看孙膑未出茅庐便显示出超人的军事才华，甚是嫉妒。

战国时期，各国混战，魏国国君为了巩固自己的地位，以优厚待遇招求天下贤才到魏国做将相，这时心猿意马的庞涓再也耐不住深山学艺的艰苦与寂寞，决定下山，谋求富贵。

凭借出色的军事才能，庞涓很快得到了魏王的信任，做了魏国的宰相。虽然官位显赫，但庞涓一想到才能在己之上的孙膑，就焦虑不安。即使孙膑未曾下山，但他早已声名远播，魏王打听到庞涓跟孙膑是同窗，于是想让庞涓去请孙膑来为魏国效力。在魏王的指示下，庞涓便派人把孙膑请来，跟他一起在魏国共事。

其实庞涓心里极其不愿意，但他听说孙膑家传的兵书战无不胜，便想设计抢到手。孙膑被请到魏国以后，在庞涓的安排下，只是一个无名无权的客卿。这样，庞涓就有了有利条件来陷害孙膑。

他先是找人假扮成孙膑表兄的亲信，劝孙膑返齐。待骗得孙膑的亲笔复信后，加以涂改，随即向魏王诬告孙膑私通齐国。魏王信以为真，大怒之下要处死孙膑。庞涓为了窃取孙膑的兵法著作，得到孙膑的信任，就当着孙膑的面假意向魏王求情。结果魏王免了孙膑的死刑，但还是削去了他的膝盖骨，致其终身残疾。

无法行走的孙膑什么事情都做不了，庞涓倒是对孙膑的生活照顾得很周到，这让孙膑深受感动，总想着有机会报答他。有一天，孙膑主动提出要替庞涓做点什么，庞涓说："咱们都是研究兵法的，听说你家祖传的13篇兵法，战无不胜，能不能写下来，我们共同琢磨，也好流传后世。"孙膑想了想，兵书就是要留给人看的，于是就答应把《孙子兵法》13篇背诵下来写在竹简上。

于是孙膑每天都忍受着身体上巨大的疼痛拼命抄写，由于身体亏损，慢慢休整，抄写进度比较慢。在一旁侍奉他的童仆实在看不下去，便把孙膑遭难的实情告诉了他，此时孙膑才恍然大悟。他开始思索着救己之法。

此时的孙膑已毫无行动能力，但为了活命，他只能装疯，为了瞒过庞涓，他甚至躺在猪栏里吃猪屎。终于等来了一次机会，孙膑被齐国使臣所救，到了齐国任军师。在齐魏两国军队交战中，孙膑设计在"马陵道"打败魏国军队。庞涓自刎而死，落个害人反害己的下场。

由此可见，在人与人相互交往中，建立友谊并不是困难的事情。但要双方都以诚相待，做到推心置腹、肝胆相照，却是一件非常难的事情。有时候一方制造一些友爱的假象，内里则包藏祸心，欺骗对方的感情，这时如果不能识破他的真面目，就很可能会上当受骗。人心良善或丑恶，都会通过日久或事久反映出来，“日久见人心”这句俗语给人的启示就是：不能太相信人，睁一只眼看朋友。

古人说“试玉当烧三日满，辨才须待七年期”，可见想要了解一个人是多么不易。虽然我们在日常与人交往中，只要能多了解，多观察，还是可以窥见一些人的内心，因为一个人的言行是内心思想感情的表现。但是，古往今来，仅是知人而不能知心的事例不胜枚举。有的人居心叵测，口蜜腹剑，一时之间难以识别和猜测。所以，我们在了解一个人时，最好的办法就是交给时间，因为，得到时间检验的亲情、爱情、友情，才是真的永恒！

一切都顺其自然吧，敞开心窍接纳万事万物，用时间检验身边的人和事，自然容易得到中肯的答案，在知人心的同时少了一时的冲动和随时的盲动。

5. 不是生活太艰难，是你脚步不从容

“有缘即住无缘去，一任清风送白云。”人生有所求，求而得之，我之所喜；求而不得，我亦无忧。若如此，人生哪里还会有什么烦恼可言？苦乐从容，得失从容，以“入世”的态度去耕耘，以“出世”的态度去收获，这就是从容人生

的最高境界。

人生就是一次旅行，从梦想走向另一个梦想，从遥远走向另一个遥远，让自己活着，本身就是一种活着的解释。心痛不是错，不要用烦恼解释生活，原谅生活的不完美，烦恼已老，何苦惆怅？不要以为生活总是那么圆圆满满，也不要幻想生活的四季全是春天，每个人的一生都注定要跋涉坎坷，品尝苦与乐。只要心中有善缘，只要自己的心里季节没有严冬，即使凄风苦雨又奈何？

人生之路会很不平坦，会经历很多不顺：当你被人误解时能微笑，这是素养；当你受委屈时能坦然一笑，这是大度；当你吃亏时能开心一笑，这是豁达；当你无奈时能达观一笑，这是境界；当你危难时能泰然一笑，这是大气；当你被轻蔑时能平静一笑，这是自信；当你失意时能轻轻一笑，这是洒脱。

马寅初先生是我国著名的人口学家、经济学家和教育学家，是北京大学名誉校长。他一生处世乐观，遇事从容。当年大会对他大轰小嗡地进行“批判”时，他会戏称此为“洗热水澡”，并镇静地说：“我这个人每天洗冷水澡，才不在乎这些。”

1960 年 3 月 31 日，马寅初被免去北大校长的职务。儿子回家告诉他这个消息时，他只是漫不经心地“喔”了一声，便不再言语，仿佛这是一件不值得一提的小事，继续看书，神态自若。

1979年9月14日，北大隆重召开大会，给马寅初平反，恢复其名誉，并对他进行高度评价。此时，马老已经97岁了，当儿子回来告诉他这一喜讯时，他心不在焉地“喔”了一声，不置一词，照旧闭目养神，心如止水，从容淡定。

马老先生91岁时，患上了直肠癌，医生都不敢对其轻易动手术，他却平静从容地走上了手术台。

马寅初老先生虽然一生坎坷，却享百岁高龄，这归功于他从容平和的心态。他大半生经历坎坷，却能始终微笑看待世态炎凉，坦荡面对宦海沉浮。这种修养、气度，非一般人所能做到。

人生的道路是曲折而坎坷的，对于荣辱、富贵、贫穷、诽谤、嫉妒、酸楚等社会附加物，一笑置之，那么就得到了解脱，从容心也就油然而生。人生无完美，也难太圆满。月满则亏，水满则溢。在生活中，面对失去的，我们应当学马老先生从容处之，保持平静如水的心情。

生活里，我们需要的不是体察秋毫的锐利，而是一种适度的糊涂。适度的糊涂，是心知肚明却不说破的一种包容，是虚怀若谷海纳百川的一种宽广，是严于律己宽以待人的一种气度，是看淡世事不计得失的一种从容境界。

悲与喜是在人世间不停轮转的，许多事情往往喜中有悲、悲中有喜。我们虽无法如圣人一般，做到时时处事不惊，处处微笑面对。但遇事不大喜、不大悲，却是我们自己可以掌控的。

人生最大的敌人是自己的心。幸福和平淡，平淡与从容，从来都在一起。每一年，每一天，我们都会有一个新的开始，喜欢就争取，得到就珍惜，错过就忘记，生活其实就这么简单。

昨天已经作废，明天还未到期，只有今天随时都在。我们仍然拥有无数个可以拼搏的日子，该争取的还可以争取，不喜欢的还可以放弃，艰难险阻也只能成为生命之轻了。匆匆岁月，风送年华，我们可以多些从容看世界，不必为未来忧愁，不必为未知担忧。然后尘归尘，土归土，淡然地走向归宿的涅槃。

所以，从现在开始在生活里学学流水无烦恼，学学月亮无恩怨，学学清风不分别，学学弥勒不生气，学学阳光不说话吧。落花流水，追逐时光远去；天涯明月，挥洒一地的清凉。云聚云散、花开花谢都是人生的风景，人生无处不风景，何不从容淡定，笑看红尘云舞花飞！

6. 不随波逐流，不妄自菲薄

随缘不变，不变随缘。随缘不是随波逐流，不变也不是墨守成规。社会上有些人因为一味随缘，失去原则，结果随世浮沉，沉沦苦海无法自拔；有些人则过分坚持原则，不能通融，反成执着，不但丧失人缘，也使事业发展受阻。而只有在随缘的生活与不变的原则相行无碍下，才能享有收放自如的人生。

许多人都过分关心外界的环境因素，处处表现得小心翼翼，以至于轻易地否定了自己。试想，你都没认可自己而自贬价值，别人又如何能认为你有价值呢？

过去有一位富商，他有一个年轻的儿子，为了考验儿子，富商让儿子到非洲热带雨林找财富。这个年轻的小伙子历尽艰险，在热带雨林中转了好久，找到了一种高 10 多米的树木。

这种树木看上去非常不一般，小伙子就砍倒了它。一位老人看到了小伙子的这棵树后，非常惊喜，兴奋地告诉他这种树木被称作“沉香木”，是世界上最珍贵的树木，整个非洲也就只有一两棵。这种树之所以珍贵是因为砍下它后，一年后让其外皮朽烂，留下的部分，放在水中就会沉入水底，它不会像别的木头那样浮起来，奇怪的是这种东西会有一种浓郁无比的香气散放开来。

小伙子听了老人的话非常高兴，就将沉香木运到市场上去卖，结果生意很冷清，没人敢买，主要由于很贵重，很少有人买得起。小伙子终于沉不住气了，开始怀疑老人的话，在他旁边一个卖木炭的，生意却非常好，每天都有进账。于是很多小商贩也都纷纷劝他不要再坚持，世上根本没有沉香木这种树木，那只是传说中的事物。

终于，小伙子忍不住了，他把沉香木砍断，烧成木炭后运到了市场上，以普通木炭的价格出售。这一回，他的生意好极了，几天时间就卖光了。小伙子认为自己很有主意，顺应了市场需求。于是，他很自豪地把这件事告诉了他的富商父亲。

当富商听完儿子的讲述后，禁不住无限感慨，儿子还是没有长进，又做了一件大蠢事。沉香木非常有价值，只要切下一小块磨成粉末出售，其收入相当于卖一年木炭，而将沉香木烧成木炭，就和普通木炭一样不值钱了。

许多人都犯了同样的错误，对生活提供的巨大的财富，只能收获到一点点。尽管未知的财富就近在眼前，他们却得之甚少，因为他们盲目地、毫不怀疑地跟着别人无目的地走着。他们随波逐流，只是因为“事情一直就是这样做的”。

不能适应社会，就不会被社会接受，只知适应社会，则会被社会同化。聪明而成功的人，绝不只是顺应潮流，随波逐流，而是努力追上潮流，引领潮流。在社会中，逆流而上固然是不好的，但随波逐流的人同样毫无建树。人性和水性有极大的相通之处，做人也应当像水一样，既能屈也能伸，既要尽力适应环境的需要，也要努力通过一点一滴的长期奋斗而改变环境。只有这样，才能最终成为一个傲立潮流的成功者！

其实，有自信心的人，不会妄自尊大，也不会妄自菲薄；不会自以为是，也不会自轻自贱；不会随波逐流，也不会固执己见。只有充满自信，才能更加认识和接纳自己，才能得到达观的智慧，得到清晰的行为，得到真正的自己，得到自在的人生，找到安身立命之道及安心安神之法。很多失败者对自身具有的宝藏视而不见，反而拼命去羡慕别人、模

仿别人。殊不知，成功其实就是不随波逐流，不妄自菲薄，自信地走你自己的路。

7. 每一天，每一刻，都是结束，也都是开始

人们常说：活在当下。的确，人生只有短短的几十年，我们的生活处在一个随时变化的环境中，到处都充满着未知，也许这一分钟还在一起的人，下一分钟就已经分开，也许这一分钟还笑着的人，下一分钟就因为一些事情哭泣。我们改变不了时间，所以只能改变我们自己，在短暂的一生中，我们要更加珍惜每一分钟的时间。

我们的过去不复存在，我们的未来不见踪影，所以，很多时候，我们不必为过去和未来而愁苦，我们只需要真实地活在当下里就好。一个人如果想成功，就应该珍惜今天的时间，从想到的这一刻就出发，朝着自己梦想的方向努力，加之其后天的勤奋，才能真正地成为一个成功的人。然而，有的人不懂得抓住时间这个道理，每天都是浑浑噩噩地度过，荒废了宝贵的时间，最终又一事无成，人生就只能是穷途末路了。

有这样一位商人，他从小的时候就经历了很多生活的苦难，家里没有钱，父母不能给他交学费，于是他就每天去学校的教室外面听老师讲课，每天他都吃不饱，到了冬天，连

件抵御风寒的衣服都没有，可就是在这样的条件下，他通过自己的努力，改变了自己的命运，走上了经商之路，并且创办了一家非常著名的百货公司。

好景不长，正当百货公司的生意红火时，突然爆发了全球经济危机，他的百货公司为此受到了很大冲击，和他一起合伙的伙伴破产了，公司的运营资金被银行给冻结了，而且公司还欠了很多的外债，他马上就面临着破产的危机，这个一生都很要强的商人，此时已经到了走投无路的时候，他接受不了自己辛苦建立起来的公司就这样倒闭，这是他大半生的心血。

由于接受不了这个现实，商人生了一场奇怪的病：有一天，他走在路上的时候，突然就昏倒在了路边，等他醒来以后发现自己似乎再也不能走路了。医生告诉他，他的生命只有两个礼拜的时间了。这个打击让他更加低迷，但是家人耐心陪在他的身边，看着为了自己日渐消瘦的妻子，他突然想明白了自己不该这么低沉下去，既然自己只有几天好活了，那么剩下的生命是那么的宝贵，不能就在这样的低迷中浪费掉，于是，他放松了下来，不再为自己的病而悲伤，他保持着愉快的心情，好好把握着自己的每一天。

出乎所有人意料的是，两个礼拜后商人不但没有死，反而他的病情大有好转，他在妻子的照料下，重新站了起来。经历了这次生死的考验，商人对自己的事业重新燃起了希望，他重新回到公司，仔细拟定了应对经济危机的计划表，并作好了相关的处理措施。半年后，公司终于在他的经营下度过了这场经济危机，并且开始有了更大的收益。后来，这位商人懂得了一个道理，不管遇到什么事情，只是一味患得患失是没有任何意义的，人应该活在今天里，把握好每一个属于自己的时间，并且好好珍惜，才能真正获得成功。

商人的故事给了我们很大的启示，昨天属于死神，明天属于上帝，只有今天才属于我们自己，正是因为学会了只生活在今天的道理，那位商人才取得了人生的胜利。生活中，你一定有过许多许多这样的日子：常常为昨天的失落，念念不忘，喋喋不休，耿耿于怀；又常常为明天的美丽，意气风发，热血沸腾，斗志昂扬。然而，或许你觉察不到，就在这埋怨与幻想当中，就在这追悔与兴奋当中，我们失去了最宝贵的今天。

活在当下，在对的时间去做对的事，循着生活给我们的路，为自己的人生真正地负责，什么都没有晚，只要肯珍惜，只要肯从现在就开始。我们思考着的每一个当下，既是结束，更是开始，我们真实地拥有着的是每一个当下，只要我们珍惜和把握好自己的时间，那么一切都充满着希望。

第九章

打开心灵的枷锁，烦恼化菩提

烦恼是一座监狱，锁住了我们的灵魂。要想拥有如是、自在的人生，就必须把内心世界里那些肮脏的、污染的、不平等的、妄想的东西统统都放下，让整颗心宁静下来，获得一片澄澈清明。

1. 忏悔如舟，送我们到解脱的彼岸

人非圣贤，孰能无过；过而改之，善莫大焉。常怀忏悔之心，时时醒定自身，人格才能得到升华；常怀忏悔之心，坦然面对错误，心灵才能得到解脱。忏悔不是丑陋的延伸、人格的下降，而是精神的新生、心灵的飞升。懂得忏悔是一件幸福的事，它能让你更加懂事和宽容，它能让你及时清除心湖的毒素，还心湖一片清明澄澈。

人处在复杂的社会环境里，难免会出现这样或那样的差错。出错并不可怕，可怕的是不愿意承认错误。没有反思的人生是没有价值的人生。一个人浑浑噩噩过一辈子，不明白何为对、何为错，他的人生便和动物的人生没有区别；反之，懂得忏悔，把思想里的浅薄、浮躁、消沉、阴险等污垢涤荡干净，人生就会大放异彩、生机勃勃。

忏悔是治愈错误的良药，能给我们混沌的心灵带来一缕

光芒。在我们灵魂遭到扭曲时，当我们陷入罪恶的深渊时，当我们的思绪被阴险狡诈占据时，我们需要忏悔，需要把心中的耿耿于怀、惴惴不安倾诉出来，这样才有可能驱散阴霾。忏悔是生命重新清新、昂扬和高雅的旋律。

忏悔需要我们拥有一颗平常心，能够坦然地面对别人善意的规劝和指责，反思自己的过失；忏悔需要我们“静坐常思己过”，克服情感意气的干扰，发现自己的本来面目，捕捉到平时还自以为是的过失；忏悔需要我们拥有巨大的勇气，能够勇敢地进行自我解剖，忍受割除毒瘤的痛苦，重获新生。错误是压在人脊梁上的沉重包袱，只有勇于忏悔才能将包袱卸下；错误是挡在前进路上的河流，只有敢于忏悔才能摆渡到彼岸。

徐华是一个公司的小职员，领着不高的薪水，过着平平淡淡的生活。有一天，下班后她和往常一样同女伴一起去超市买菜。看到时间还早，爱美的女孩子就想逛一下化妆品专柜。刚好当时有一家化妆品在打折，价格比原来便宜了三分之一。徐华早就看上了这套化妆品，一直因为价格太贵没有买。今天看到大促销，她就心动了。可是她是个实实在在的月光族，那点儿薪水只能让她勉强不饿肚子。快到月末了，她如果买了这套化妆品，剩下的几天就没有饭吃了。

徐华在专柜前走来走去，把化妆品拿起来又放回去，一直犹豫不决。逛完超市的女伴跑来催她，她才匆匆忙忙离开。结账时，她赫然发现，那套化妆品就在她买的蔬菜下面。超市的化妆品因为不用消磁，一般都是由销售人员带领到专门的柜台结账。可能是徐华在专柜前站得太久，销售人员没有注意到徐华拿了一套化妆品。而徐华自己因为徘徊时间太长，也不记得是什么时间把化妆品放进购物篮的。她的心开始怦怦直跳，超市收银员会问有没有付过钱的货物，徐华只要说这套化妆品是付过钱的，就可以轻松地把化妆品带出超市。她太喜欢这套化妆品了，这样一个千载难逢的好机会，怎么能错过？

回到住处，徐华的心情还是不能平静下来。她做了什么？她竟然偷了超市的东西，竟然当着那么多人的面大摇大摆地把没有付款的东西带出了超市。肯定会有人看到的，肯定会有人在背后骂她人品有问题的。要是被同事看到，到公司大肆宣扬，她就没有脸面做人了。

女伴看到徐华神情不对，就来关心她："怎么了啊？像丢了东西一样。"

在徐华听来，女伴的话好像在讽刺自己。女伴是不是已经知道自己偷了超市的东西，所以才故意挖苦自己丢了东西。对啊，女伴知道自己是个月光族，月末的时候肯定没有钱买化妆品。徐华突然感觉无比羞耻，匆匆躲进了自己的房间。

第二天，上班时间徐华一直很不自在，总感觉同事用不一样的眼光打量着自己。遇到爱八卦的同事在一起窃窃私语，她都以为是在谈论她。一整天，那套化妆品都在她眼前飘来飘去，似乎成了罪恶的象征，时刻让徐华不得安宁。

下班后，徐华拿着化妆品找到了超市服务部。她讲述了事情的经过，还回了化妆品，并向超市道歉。

服务部的工作人员对徐华的行为大加赞赏："最近专柜促销，销售人员工作量大，总是会出现纰漏。单单昨天就丢了六套这类化妆品。您是第一个把商品送回来的，谢谢您对超市工作的支持。"

徐华摇摇头："你们不用感谢我。我只是在为做错的事情忏悔，寻求心灵的安宁罢了。"

走出超市，徐华突然感觉轻松了许多。原来有时候，得到并不意味着快乐，而放弃该放弃的才能得到解脱。

故事中的徐华在巧合间拿了超市的商品没有付款，接下来的一天一夜她时时刻刻都在经受着良心的拷问折磨。最后，她选择勇于承认错误，把商品还回超市，换自己一份安心。

错误如同毒瘤，仅仅从表面涂药，只能缓解一时的红肿，而毒素依旧存在，病变的隐患仍然得不到根除。因此，忏悔不能仅仅停留在承认错误上，还要找到错误的根源，保证不再犯同样的错误。我们的过错归根结底都是因为心中太多杂念，及时忏悔以净化心中污秽，新的错误才不会产生。

2. 放弃贪婪，方能无羁无绊

贪婪是一种顽症，是对欲望的不满足，它会使人失去理智，变得愚昧不堪。凡人极易成为贪婪的奴隶，贪图厚利毫不知足，从此变得越来越贪婪。贪婪之人贪得无厌，对世间种种诱惑毫无抵抗之力，心思和眼光总是受到欲念的束缚。放弃贪婪，我们才能轻装上阵；放弃贪婪，才能无羁无绊。

当各种诱惑充斥于日常生活中，人的私欲很容易在不知不觉中膨胀，一种爱慕虚荣、追求享乐的不健康心理就会产生，这就是人性的贪婪。贪婪的人满脑子都是欲望，金钱、权力、享乐等欲望永远难以得到满足。人的私欲之心是一个怎么也填不满的火坑，得到的越多欲求就会越大。他们的贪得无厌必然导致心理不平衡，心态不平和，怨天尤人，抱怨满腹，脸上常常布满阴云。因此，心中有贪念的人活得都很累。

小霞是一个乡下姑娘。因为家庭经济条件的问题，初中毕业之后就辍学了。在朋友的介绍下，小霞到了县城从事家政工作。家政服务中心负责人看到小霞长得白白净净，人又活泼机灵，就把她安排到政府家属区工作。小霞的男主人是一位副处级干部，年过四十，为人还算正直；女主人是典型的家庭主妇，平时喜欢做个美容，或买些名牌衣服。

女主人不爱与人打交道，平时有客人上门都让小霞去打发。小霞虽然小，却精通人情世故，每次都能很好地应付客人。女主人非常赏识她，久而久之把接待客人的事情全权交给小霞处理。到处级干部家拜访的人，大多都是来托关系、找门路的。当然，他们不会空手而来，每个人都带着各种各样的厚礼。小霞对这些礼物并没有什么概念，女主人交代不能收礼，她就把这些人都打发走。

有位客人造访过多次，而每一次都是小霞在接待，他已经从中察觉到小霞的特殊地位，于是决定从小霞开始打通关节。他再次造访时，给小霞带了一个信封，里面是分量很重的钞票。小霞起初不愿意收，客人再三恳求，并说只想向她询问女主人平时都做什么事情，没有别的企图。乡下姑娘面对几万块钱抵抗力立即下降，最后她收下了信封，并把女主人的起居告诉了客人。

小霞把这笔钱交给了父母，父母为家里购置了新的电器。初尝甜头的小霞认为找到了赚钱之道，她开始向拜访的客人明码要价。收到的钱越来越多，胆子也越来越大。小霞的父母对小霞工资的急速增长产生了怀疑，找机会和小霞进行谈话。小霞瞒不过父母，就把事情的原委说了出来。父母都是善良正直的农民，把这件事当成莫大的耻辱。他们教育女儿，不能昧着良心收取这些不义之财，那是丢自己的脸，丢父母长辈的脸。

小霞原本也是一位心地善良的女孩，只是在贪欲的影响下走上了歧途。听了父母的一番话，她决定真心改过，再也不去贪求这些不属于自己的钱财。可是，人一旦起了贪欲，就会身不由己。小霞对于钱财已经没有任何抵抗力了，并且以前贿赂过她的人还会千方百计地对她威逼利诱。小霞没能在歧途上刹车，而是越走越远。

每天承受着良心的折磨拷问，应付着送礼人的威胁牵制，小霞几乎崩溃了。她想重新做回那个刚进县城的单纯女孩，用辛勤劳动换来应得的薪酬，生活过得清苦但是心里踏实。最后，小霞在父母的陪同下走进了县派出所，交代了她在主人家工作期间犯下的所有错误。派出所的警务人员根据小霞提供的线索，对小霞的主人进行侦查，发现这是一起严重的官员腐败案件。警方考虑到小霞受贿情节比较轻，又主动投案自首，就放宽了对小霞的处罚。

看守所里的小霞笑靥如花，她说："现在，我每天都过得轻松自在。面对金钱的左右为难没有了，收下礼物后的负罪感没有了，也不用千方百计地去应付别人的要求。等我出狱了，就安安分分靠双手赚钱，舒舒服服过日子。"

故事中的农村姑娘本来应该有简简单单的生活，却因为贪婪之心陷入复杂的人际关系之中。贪婪这条路是非常危险的，一旦踏上，越陷越深，难以自拔，贪婪会成为危害人生的陷阱、葬送人生的坟墓。好在小霞在父母的规劝下及时反省，脱掉了一身枷锁，重新回到无羁无绊的人生中。

人若无求品自高，人若无欲、无奢、无贪婪，品格自然高尚、纯洁。生活在名利场中，只要无欲则无求，无求则无贪婪，无贪婪便可旷达洒脱。要放弃贪婪，就应该常怀一颗平常心，正确对待舍与得；要放弃贪婪，就应该有一颗懂得满足的心，学会珍惜幸福，知足常乐。

3. 身心清净方为道，退步原来是向前

人行走于四方之内、奔波于名利之间，以为总是在得到，却不知道心灵有太多牵挂，就会一直下滑、沉沦。其

实，任何一个人都可以把进退荣辱看淡一些。身心清净之人，心灵就不会沉睡、没有迷惑，就更能够感受到闹市中的鸟语花香。人生不能只是往前直冲，有的时候，若能退一步思量，就是海阔天空的另一番景象。

浮生若戏，我们都在人生的舞台上演着属于自己的剧目。在舞台上演戏的时候，最不清楚自己演得怎么样，而敢于回头看，勤于回头看，善于回头看，才能使精神和灵魂得到洗涤再生。前进的路上本来就需要退步的智慧，时刻保持谦虚之心的人会获得更多的尊重和收获。生活中总会出现磕磕碰碰，学会妥协忍让才能换来和谐的人际关系。在遭遇矛盾冲突的时候，如果你能控制住自己，心平气和地面对，忍一时、让一时，就会获得满足和舒心。

人生犹如棋局，如果不懂得避其锋芒、退而求活，而是一味地气势如虹、莽撞拼杀，就极有可能有去无回、全军覆没。退让是一种宽容的态度，一种韬光养晦的人生哲学。面对功名利禄，不必斤斤计较，坦然置之方能获得巨大的生活能量。有舍才有得，不舍就不得。当我们身心不再被物欲染着的时候，当我们能够抛弃那些身外诱惑的时候，内心才能获得一片清净透明。退步是一种宽容和豁达，是一种蓄势和整肃，是一种成熟和自信。

20 世纪 70 年代末，华人企业家李嘉诚已经拥有相当雄厚的资本实力，长江集团的影响力也在不断扩大。李嘉诚决定在香港市场对英资企业展开进攻。1977 年，李嘉诚安排人员秘密地在股票市场吸纳九龙仓公司百分之二十的股票。九龙仓是老牌英资企业怡和集团的两翼之一，因为经营不善，此时正处在债务缠身的泥淖中。许多财团都对这块肥肉垂涎已久。李嘉诚持有的股票数量已经占据优势，只要怡和集团不出现反收购，长江集团会很顺利地把九龙仓纳为囊中之物。

怡和集团觉察到李嘉诚的秘密收购计划后，开始积极部署反收购。但反收购行动开始得太迟，眼看怡和集团就要大势去矣。九龙仓对怡和集团来说意义重大，失去九龙仓，怡和集团就等于失去了在香港市场上的半壁江山。万般无奈之际，怡和大班找到了香港汇丰银行。香港汇丰银行也由英国人创立，在香港发展几十年后，已经成为香港企业的“财神爷”。怡和集团和汇丰银行有着良好的合作关系，加上怡和大班向汇丰大班许下丰厚的报酬，汇丰银行很愿意居中调解。

李嘉诚对这件事进行了深思熟虑之后，决定退出对九龙仓的收购。长江集团的董事们对李嘉诚的做法很是疑惑。九龙仓土地资源丰富，又是香港较大的航运码头，发展潜力无限。它现在的亏损只是经营不善所造成的，只要改变经营策略，很快就能恢复盈利。况且，通过几个月的秘密吸纳，长江集团已经成为九龙仓大股东之一，吞并九龙仓已经不是件困难的事情了。李嘉诚没有着急去解释这个决定，而是按部就班地执行他的计划。终于有一天，股东们恍然大悟，原来李嘉诚的做法是以退为进。这一天，长江集团成功入主和记黄埔集团。

放弃对九龙仓的收购，从表面上看，似乎是放弃了一个千载难逢的好机会。其实，李嘉诚从中获得的利益远远大于把九龙仓收入囊中。首先，李嘉诚将股票以当时已经抬高的市场价卖给了船王包玉刚，获得一大笔利润的同时，也获得了船王的友谊。其次，李嘉诚停止对九龙仓的收购，大大地买了汇丰大班的面子，赢得了这位香港"财神爷"的好感。第三，最主要的，包玉刚和汇丰大班沈弼帮助李嘉诚成为和记黄埔有限公司的最大持股人，要知道当时和记黄埔有限公司的经济实力远远大于长江集团。李嘉诚看似作出了退让，其实是在另一座山峰攀登得更高。

李嘉诚在胜利在望时退出了对九龙仓的收购战，是需要极大的勇气和豁达的心胸的。他没有被眼前的进退得失束缚，而是看向更广阔的视野。学会放下，能够适时地退后一步，就攀得更高、走得更远。

"前进"与"后退"不是绝对的，假如在欲望的追求中，性灵没有提升，则前进正是后退；反之，若在失败中挫折里，心性有所觉醒，则后退正是前进。退一步，能让你每天都有一个好心情；退一步，能使你站得高、看得远；退一步，能使你更清醒地认识自己；退一步，能使你找回已失去的信心；退一步，能使你抛弃不必要的烦恼；退一步，能使你战胜一个又一个困难；退一步，风平浪静、海阔天空。

懂得"退步"这柔和、内敛而又豁达、通透的人生处世哲学，必定是身心清净的人。身心清净之人以平常心处世，没有得失、没有忧虑、没有烦恼，不争不抢、不嗔不怨、不卑不亢，“宠辱不惊，笑看庭前花开花落，去留无意，漫随天外云卷云舒”，自有一份安宁与满足。

4. 断去千般妄想，只看现在

往事如烟似雾，时光匆匆而过，昨天的好与坏、美与丑都只能是回忆。人生来路并非坦途，未来的苦乐得失总是无法琢磨。只有当下，只有现在的这一秒钟才是实实在在地掌握在我们手中。活在现时，全身心地投入人生，不逃避，不止步，积极拼搏，义无反顾。如此，人生道路上才会风光旖旎。

许多时候，并非外界的压力让我们寸步难行，而是内心太看重某些东西，结果失去了正确的判断，无法把事情做对。人生短暂，瞬间即逝，太多的东西不在我们掌握之中。过去已成过去，我们没有时间再抱着记忆的册子不放；未来也不一定在我们想象之中，我们没有必要为有可能发生的事情心存恐惧。这一切无不在提醒着我们珍惜光阴，把握当下。烟花尚且懂得抓住当前展现最美的自己，我们有什么理由沉浸在对过去的回忆或对未来的想象中而忽略现在呢？

活在现在，不是不要未来的理想，只是让现实的每一步能走得更坚定；活在当下，不是不要过去的教训，只是让挫折的经验能在实际中得到运用和升华。只看现在，是为了享受现时拥有的一切，是为了感恩珍惜生活；只看现在，是为了改变现在存在的缺憾，是为了飞得更高行得更远。

对未来将要发生的事情不作无谓地想象与担心，可以无忧；对过去已经发生的事情也不作无谓追忆与计较，可以无悔。活在现在就是要无忧无悔，放下负担，快乐地享受此时此刻。人能无忧无悔地只看现在，不为一切由心所生的东西所束缚，就能活得自在洒脱。

硕硕的爷爷去世了，刚上初中的硕硕很难接受这个事实，陷入了极大的痛苦中。因为爷爷生前非常疼爱他，他童年的很长一段时间里都有爷爷陪在身边。听到爷爷去世的消息后，他突然感觉像是丢掉了童年。每天放学都不愿意回家，他不敢看到门前的挽幛和屋里爷爷的遗像。他在学校操场上一圈又一圈地狂奔，跑累了就扑在草坪上痛哭。

硕硕似乎没有想过要从痛苦中走出，几个月之后爸爸妈妈仍然看不到他的笑容。爸爸妈妈非常着急，却也不知道如何安慰他。于是，他们找到了硕硕的老师进行沟通。老师答应开导硕硕。

这一天，老师把硕硕叫到办公室说："孩子，我知道你为了爷爷的事情非常伤心，但是爷爷永远不会回来了。"

硕硕："为什么爷爷永远不会回来了？"

老师说："因为时间是永远不会回来的，你一旦把今天过完，它就没有了，你不能再回到今天。所有时间里的事物都将成为过去。有一天你也会长大，你也会像爷爷一样老去；有一天你度过了你的时间，就永远不能回来了。”

硕硕说：“那我们最终都将永远不会回来，岂不是很可怕？”

老师说：“所以我们要珍惜现在拥有的时间，不能沉浸在过去的痛苦中，也不能害怕将来的磨难。因为在我们回忆和展望的时候，时间都在一点点流逝。”

硕硕听了老师的话，开始收拾起悲伤的心情，努力做好眼前每一件事情。硕硕每天看着太阳慢慢地从天边的地平线落下，就知道今天已经过完了，永远不会回来了。如果自己还有没有做的事情，那就只能占用明天的时间。但明天也终将成为过去，所以还是应该今日事今日毕。后来，硕硕就经常和太阳赛跑，他这时候才发现在有限的时间里原来可以做许多事情。有时一个暑假才能完成的作业，他十天就做完了。

珍惜时间就是活在当下，因为害怕时间的流逝，就不会对过去做无谓的留恋，也不会对未来做无谓的展望。珍惜时间，活在当下，做当下该做能做之事，方能受益无穷。

故事中的硕硕沉浸在爷爷去世的痛苦中不愿走出来，有很长一段时间都在悼念和回忆。老师为了安慰他，告诉他时间总是在流逝，过去的事情就永远成了过去，人不能守着回忆生活。硕硕从老师的话中得到启发，抛弃对过去的追忆和对未来的恐惧，开始分外珍惜当下的时光，甚至与时间赛跑，在有限的时间里做了更多事情。把现在实实在在地握在手心里，才能有所收获。

活在当下，着眼于现在，是一种自主选择的生活态度，更是一种责任。我们总是在抱怨以前不懂得珍惜，失去了太多不该失去的。殊不知就在我们抱怨的时候，我们也正在失去。我们总认为，在不久的将来自己会有所改变，我们内心所向往的未来会一点一点、一天一天地出现。事实上，时间并不会带来任何的东西，我们必须停止这种渐进的想法。生命只在当下，活在此时此刻才是真正的生活，才能活出自己，活出快乐。

每个人都有过去、都有经历，但过去已成人生舞台谢幕，不管你现在怎样追忆，怎样悲伤，时间都是不可逆的。过去是由无数个现在组成，每一个美好的回忆都应该使我们懂得珍惜眼前，每一个痛苦的遭遇，都应该使我们更懂得怎样面对眼前。或许眼前的日子并不如意，或许今天的世界还不完美，或许你依旧感受到不公平的存在。但这些都不要紧，只要我们今日不断努力，那么明日一定会收获硕果。

5. 父母即是家中佛，与其求佛问道不如及时行孝

每个人的一生中都会有这样两个人陪伴。从你出生那刻起，他们就失去了自我，你成为他们生命的全部，成为他们永恒的话题重心。他们熬尽生命最后一点星火，也不忘为你照明。上天赐予他们最神圣的称号：父亲和母亲，却让他们一生辛苦。时间是无情的，生命是脆弱的，趁着双亲还健

在，多给他们些温情和关爱吧！

今天，人们的生活节奏不断加快，并为了生计、工作四处奔波。当无休止的劳累终于压垮你的肩膀时，你伤心抱紧自己低声抽泣，仿佛全世界都在与你作对，始终找不到可以依靠的肩膀。也许，这时在留下你童年少年无数记忆的家中，你的母亲正在为你熬制补汤，你的父亲正在一遍遍拨打你关机的电话，他们想问清楚你的地址，好让你把接他们的时间省下来做自己的事情。

不要再因为一点烦心事，就关掉你的手机。你关不掉烦恼，却会让真正爱你的人忧心忡忡。太多的时间，我们都自私得只能看到自己。为名声利益，斤斤计较、尔虞我诈；为爱情友谊，伤心痛苦、撕心裂肺，世俗世界的种种爱恨情仇占据我们原本就不宽广的心。我们会疲惫，会厌恶，然后开始寻求安慰，寻求心灵的返璞归真。其实，最能使心灵得到净化的地方就是一直被我们忽视的父母的怀抱。陪在父母身边，不会有尔虞我诈，不会有虚情假意。你可以尽情享受父母之爱，它会如清泉一般滋润你干涸的心田。

程洁在全国一个很有名气的辅导班工作，主要从事高三学生的英语辅导。辅导班的工作薪水很高，对教师的要求也很高，程洁每天都处在疯狂的工作状态中，从四面八方聚拢而来的压力使她无暇旁顾。和许多年轻女孩一样，程洁也有些爱慕虚荣，喜欢买名牌衣服、鞋子和包包，喜欢听到同事的赞叹声。当然，辅导班丰厚的薪水使程洁可以支付得起这些动辄就四位数的奢侈品。和同事抢着购买新上市的奢侈品成了程洁生活最大的乐趣。程洁和同事几乎把这种无聊的较劲当成了战争，每天乐此不疲。

一天晚上，程洁下班之后抽空在步行街看衣服，接到了妈妈打来的电话。因为辅导班工作比较忙，算算她已经有一年没有回过家了。妈妈在电话里说，她已经找到了程洁的住处，一直等到晚上九点，还没见程洁回家，就打电话问问是不是搬家了。见到妈妈，程洁不住地抱怨，为什么不提前告诉她要来。妈妈只是笑呵呵地说，知道程洁工作忙，怕耽误她工作。

妈妈从第二天起床开始就一直在忙碌，打扫房间、洗衣服、买菜做饭。程洁让她多休息休息，她说在火车上睡得很舒服，一点都不累。程洁认为妈妈难得来一次大城市，决定带着妈妈四处逛一下，就请了半天假。妈妈兴奋得像小孩子一样，似乎见到什么都很好奇，让程洁很无奈。程洁在一家专柜看到一件很漂亮的针织衫决定买下来。妈妈看了看价格就把程洁拉走了。

“一件针织衫就八百多，太贵了。回头妈妈去买毛线给你织出一件一模一样的。”

程洁很生气：“妈，那不一样，这是国际名牌，穿起来很有范儿的。”

“什么有范儿，什么名牌，衣服穿着好看舒服不就行了。你们这些小孩子就是一肚子的虚荣。”

那天，程洁虽然没有买那件针织衫，到底还是买了刚流行的几件衣服。第二天，她像打了胜仗一样得意扬扬地穿着衣服去上班，可是同事的反应却让她暴跳如雷。

回到家中，她对着正在做饭的妈妈一阵大吼："谁让你把我衣服的商标给剪掉的，这件衣服的全部价值就在这个商标上。现在没有了，同事都说我是买的A货，你知道我有多丢人吗？你怎么什么都不懂？"

妈妈被吓懵了："我……我只是怕商标硌得你难受。你小时候，衣服上的商标都让我给你剪掉的。"

"小时候是小时候，现在是现在，我已经长大了，不用你管了。"说完，程洁愤愤地回房间休息，第二天早上醒来时发现早餐在桌子上放着，妈妈已经离开了。

妈妈打来电话说，家中临时有事她就回去了，让程洁不要担心。一个星期后，程洁收到一个包裹，里面是上次她想买的针织衫。程洁感动得哭了起来。妈妈永远都是最好的名牌，只有她才会真的关心东西是不是适合你，会不会对你造成伤害。

程洁被物欲横流的社会污染，变得虚荣势利。因为一个商标就对千里迢迢赶来看她的妈妈大吼大叫，妈妈不但没有生气，还为她织了她想要的针织衫。程洁最后顿悟，只有在父母那里，我们才能获得真正的关爱和保护。

世道艰辛，人生坎坷，经历一辈子的风风雨雨，人到了老年就更加需要精神的慰藉。在"孝"的天平上，豪宅与瓦房、美味与粗粮、华衣与旧袄都是等值的，只要有儿女的孝心存在，父母都能非常满足。为生活疲于奔命的我们，总以为来日方长，总以为机会常有，却不想，人生如白驹过隙，稍纵即逝，亲情也是永远无法完全回报的。所以，多找些时间从功名利禄、尔虞我诈中抽身，回到家里陪陪父母。哪怕一声问候，一回闲聊，一顿晚餐，一次出游，只要我们有心，父母就能感到温暖和欣慰。

6. 心中无事一床宽，糊涂之态最难得

遇事与人斗力之人，为粗者；遇事与人斗气之人，为愚者；遇事让人之人，为智者。人如果过于精明，有乐事时自然欢喜，苦难来临就会痛苦无比；有收获时雀跃鼓舞，面对困难就会伤心颓丧。倘若糊涂一些，不斤斤计较，不斗勇置气，那么，生也是好、死也是好、苦也是好、乐也是好，总之这个世界哪里都是美好的。

人这一生，“难得糊涂”。糊涂处事，才能处事不惊、达观权变，才能随遇而安、百无禁忌。因为糊涂，才会更懂得拿起和放下；因为糊涂，才会去执着追求；因为糊涂，才能看透世事无常；因为糊涂，才能守护心灵的安宁清净。糊涂之人，不为追求浮华而操劳，不为功名利禄所奔波，不因吃亏而斤斤计较，不因荣耀而忘乎所以，一切顺其自然。

父亲和堂伯父都是初中没有念完就辍学在家。因为家中兄弟姐妹比较多，生活又不富裕，他们小小年纪就要出外赚

钱。我们家祖祖辈辈都有做豆腐的手艺，父亲和堂伯父自然就被教授了这门手艺。由于经济条件有限，做豆腐用的磨盘、水缸、灶台等只有一套。做豆腐都只在下午父亲和堂伯父卖完豆腐回来才开始的。堂伯父怕耽误睡觉，每天都抢着第一个开始做。祖母总是教导父亲要懂得长幼有序，父亲就没有过多计较。堂伯父做豆腐时，父亲就去帮忙。等堂伯父的豆腐出锅后，父亲再开始做自己的，每天都要等到很晚才能压好豆腐。

父亲和堂伯父在一片村落卖豆腐，有时在胡同里还能碰个面。父亲的豆腐总是比堂伯父卖得快，有时父亲都已经卖完了，堂伯父还有一大半。有些人明明要买豆腐，看到堂伯父推车走过都不应声，直到等来父亲才去买豆腐。堂伯父一直很纳闷，他思前想后感觉没有道理，原料是一样的，工具是一样的，手艺也是一样的，怎么他的豆腐就不受欢迎呢？后来，他想是不是因为自己总是第一个磨豆腐，工具没有预热，或者晚上的夜凉更适合新压好的豆腐？于是，他决定跟父亲换一下，让父亲先做豆腐。父亲很高兴地同意了堂伯父的要求，从那以后每天都能安安稳稳地睡个好觉。

堂伯父以为找到了秘诀，第二天满心希望比父亲早回家，可还是落在了父亲后面。回家后，他很生气，立马拿出兄长的威严质问父亲："你是不是在人前说我坏话，为什么我的豆腐总是卖得没你好？"

父亲被堂伯父的问话逗笑了："我们自家兄弟，我说你坏话让你没饭吃，不还是我要帮着你？"

“那为什么你的豆腐总是卖得快？而我的豆腐总是会卖不完?”

“我想可能是我做事比较懒吧，有时候多那么一两半两的，我都懒得再给拿下，就当是送给他们了。同样的价钱，我给的豆腐多，他们自然愿意买我的了。”父亲很无所谓地说。

“可是，你这样卖的话，就会少收入很多钱的。”

“那就要看你是怎么想的了。”

堂伯父一直是一个精于算计的人，他怎么也想不通父亲这样的做法除了能使豆腐卖得快一点，还能得到什么好处?若干年后，他终于明白了。因为那个时候，已经没有多少人会买他的豆腐了，而父亲在家里开了豆腐店，每天不间断地生产豆腐。原来难得糊涂才是真的聪明。

父亲在祖母的教导下，总是以一种顺其自然的态度面对生活。在做生意上，他从来不会斤斤计较，能多让人一点儿，顾客高兴，他也高兴，这就是好事。而堂伯父却是一个精明之至的人，他从不允许别人占他一点便宜，自然别人也不会给他好处。

难得糊涂是一种人生境界，只有饱经风霜、内涵丰富的人才能体会到其中真谛。难得糊涂是一种智慧，在纷繁变幻的世界里，只要难得糊涂，就能看透事物、读懂人性，凡事举重若轻，收四两拨千斤之效；难得糊涂是一种气度，它能使人超凡脱俗、气宇轩昂、洒脱不羁、包容万象。糊涂之人都有一颗平常心，拿得起，放得下，外界的纷繁不能干扰他们心灵的一片澄澈。他们能很好地让自己从俗世中解脱，无欲无求地看世界，自然无羁无绊。

7. 忍一时之气，成一世之功

忍一时之气，不仅是一种自我保护行为，也是成就大事所必需的一种素质。纵观古今中外，凡是能成大事的人都具有非凡的忍耐力。忍耐，不是屈服懦弱，相反是一种勇敢的精神。忍一时之气，坐等时机到来，经历一番风霜雪雨后，终能拨开层云见月明，实现抱负，赢得成功。

生活中，有许多残酷的现实是无法改变的，有许多非议是无法消除的，有许多委屈是不可避免的。如果不能学会忍让，不能学会控制自己的感情，不能学会从容冷静地面对所发生的一切不快，我们必然活得伤痕累累、心累至极，人生也因此失去了许多惬意与美好。人生苦短，何必计较太多，何必定决雌雄，给别人让一条路，就是给自己留一条路。

忍让是一种德行，是一种修养。气大不如量大，百忍自能无忧，放下怨恨，对自己大有裨益。用一颗糊涂之心、宽容之心对待人和事，不嗔不怒，忘记不愉快，只把点点滴滴的美好留在心中。如果不这样，为所欲为，放纵性情，心气浮躁，不仅对自己思想压力增大许多，更无法成就大事，甚至导致众怨丛身。

李先生和李太太才结婚半年就闹离婚，原因是两个人经常为一些鸡毛蒜皮的事情吵架。李太太还在读研究生时认识了出生在同一个城市的李先生。但是李先生已经在家乡工作一年有余，而李太太在外地读研究生，两个人是标准的异地恋，每天都只能通过电话和视频联系，几个月才能见一次面。在一起相处的时间不长，见面就是甜甜蜜蜜，很少去考虑生活上的细节问题。2011 年元旦，他们终于结束了三年的爱情长跑，组建家庭。待在一起的时间长了，两人都渐渐地发现对方身上有好多自己不能容忍的毛病。比如李先生不爱刮胡子、总是把袜子乱扔，比如李太太吃饭的时候喜欢讲话、总是霸占电视看娱乐频道等。每次两人都会因为这些生活的小细节吵得不可开交。

在一次吵完架后，李太太哭着跑了出去。当时已经是晚上十点，外面还下着大雨。李先生连忙追了出去，但已看不到太太的身影。李先生怕太太有危险，来不及回去拿雨伞，带上手机就匆匆追出了小区。平时，吵完架后，李太太都喜欢到附近的街道和公园散心，李先生就在大雨中一条街道一条街道地找。

谁知李太太看到天下着大雨就决定惩罚一下李先生，她走出小区就打的回到了同县城的妈妈家。妈妈看到女儿红红的眼睛就知道又吵架了。听着妈妈的安慰，李太太哭得更凶了。她突然感觉，同妈妈相比，李先生对她一点都不好，甚至根本就不爱她。她咬着牙对妈妈说："我一定要和他离婚，我不能和一个整天跟我吵架的人过一辈子。"

妈妈听到李太太的话后说："你跟妈妈说说，你们每次吵架都是什么原因？"

"他不爱做家务，东西乱扔，还喜欢管教我，有时候很爱摆家里老大的臭架子。"

"就因为这些你们就吵架？孩子，我们都是凡人，谁身上没有毛病。如果我们把每件事都抓住不放，永远都不会快乐的。夫妻相处要学会忍让，你让他一次，他就会让你两次。你越是让他，他就越有负罪感，总有一天会把毛病改掉，总有一天你们会相处得非常好。"

听了妈妈的话，李太太若有所悟："会这样吗？"

妈妈说："一位好老公不都是天生的，是要你调教出来的。听妈妈的话，赶紧回家，别让他等急了。回去不管他说什么，你都先道歉，看看他的表现你就会明白了。"

李太太听了妈妈的话回到了家中，李先生全身湿漉漉地给她打开了家门，一把把她揽在怀中，好像她马上就会消失似的。

"对不起，我不应该这么晚了往外跑，害你淋着雨找我。"

李先生没想到太太会道歉，有些吃惊，马上又非常惭愧："明明是我惹你生气，还让你来道歉，我一定会好好改掉我的臭毛病的。"

此后，李先生和李太太还是会在小事上出现意见冲突，但是很少再吵架了。因为每次怒火刚升起，就有人赶紧找借口熄灭。李先生和李太太学会了忍让，学会包容对方的过失，生活从此过得非常和谐幸福。

有人说："一个人经历一次忍让，便会获得一次人生的靓丽，打开一道爱的大门。"心胸狭窄的人要学会忍让，爱慕虚荣的人要学会忍让，看重利益的人要学会忍让，脾气暴躁的人要学会忍让，每个生活在集体环境中的人，都应该学会忍让。忍让可以避免不必要的伤害，忍让可熄灭心头的怒火，忍让可消融封冻的江河。只有学会忍让，生活才会减少尔虞我诈；只有学会忍让，生活才会拥有安宁融洽；只有学会忍让，生活才会事事顺遂。有了忍让，你就不再是一介粗鲁的武夫，或者一条莽撞的汉子；有了忍让，天空就一片晴朗，道路就无比宽广；有了忍让，集体就会增加凝聚力，真正的人性才会得到弘扬。我们要活得充实、潇洒、乐观，就要学会承受压力，就要学会忍耐。

第十章

心闲，就是最好的福气

心闲之人不为物役，不为名累，知足常乐，一切随缘，能时刻保持心海的舒畅与宁静。心闲之人或读书养性，或绘画怡情，或闲中举杯邀月，或闲中吟诗作对，或闲赏花开花落，或闲观云卷云舒，在闲中乐，在乐中闲。

1. 众生之苦，苦于繁忙

为挣不尽的财富焦头烂额，为柴米油盐而忧愁，为荣辱得失烦恼计较，片刻不得安宁。然而，人生有涯，白发无情，几十年的光阴如流水行云，稍纵即逝。若一味地忙于计较、争抢，人生的福乐便会被掩埋。不要生活给别人看，也不要看别人生活，给心灵一方净土，心闲才是人生最大的福气。

每个人生活在社会中，都要参与各种各样的交际，接触各种各样的人。有接触就会有比较。我们总是羡慕别人有高高在上的地位、丰厚的薪水、舒适的寓所和豪华的跑车，于是，我们为自己规划了一个未来，这未来像鞭子一样，鞭策着我们像牛马一样劳作。我们也希望得到别人的崇拜和羡慕，于是，我们在人前人后努力地装出高姿态，微扬起嘴角，露出可爱的酒窝，穿上一双水晶鞋就当自己是童话里的公主，当然我们的心灵并不快乐，因为每天忙于扮演别人太累。

许多人之所以一生忙忙碌碌，就是因为活得太被动。在佛家看来，忙着看别人，忙着给别人看，就没有了自己。这些人一生都在过别人的生活，为了填平与别人之间的沟壑，成功地变成别人，他不得不每天勤勤恳恳。填平一条渠沟，还有下一条渠沟，总之，想要变成别人很难，他必须赌上一生的幸福来衔石、衔草。最后，他又得到了什么？恐怕是再也找不到心灵回家的路。

汤姆老汉已经 70 岁了，由于常年的劳累，身体的许多功能都已退化。他每天坐在轮椅上，由小区志愿者推着到公园散心。回想起一生，汤姆大叔有些遗憾。从上小学开始到功成身退之前，他这一生几十余年除了忙碌还是忙碌。

汤姆大叔小时候和其他的孩子一样，吃饭、睡觉、哭闹、游戏，过着无忧无虑的生活。然而，自从上小学那天起，他忙碌奔波的一生就开始了。学校和学习对于他来说是小小肩膀上沉重的负担。他总是害怕自己不够优秀，考试得不到 A 等，不能成为一个有用的人。当然，早早地知道这些并不是因为他早熟，而是源于父母和老师的劝诫。小汤姆背负着极大的焦虑和压力。他天天盼望的就是下课和放学，盼望着假期的到来。

因为汤姆从小就知道努力学习，所以他的成绩非常好，各方面能力也很出众。父母和老师经常夸赞他、朋友和同学也都羡慕他。虽然他不喜欢学校，但还是努力学习。因为他非常享受甚至他努力学习很大程度上就是为了得到这些虚荣。他经常安慰自己：咬牙挺过初中、高中，他就可以获得自由和快乐。名牌大学竟成为他向往中的乐园。

汤姆在收到大学通知书的时候，长长舒了一口气。他认为自己可以把原来的枷锁全部卸掉，可以开开心心地生活了。但是，汤姆的好胜心和虚荣心并没有安分多少天，汤姆又回到了原来的状态。为了得到老师和同学的夸赞，他还是逼迫着自己学习各种自己毫无兴趣的课程。为了使自己的履历表丰富起来，可以找份好工作，他成立学生社团、做义工，参加多种运动项目，每天都在辛苦忙碌中度过，根本得不到片刻安宁。每当他筋疲力尽时，他都会想等工作后或许就能轻松了。

大学四年在忙碌中匆匆而过，一份发展前景良好的工作如期到来。汤姆没有得到设想的轻松，反而更加忙碌。他要为加薪、拿到奖金或升职等努力工作，恨不得一周有八天时间可以供他提高自己。他总是在告诉自己，等目标达到了就可以好好享受生活了，但是，轻松快乐的生活似乎从来没有眷顾过他。他总是给自己定下一个又一个的目标，为这些目标焦头烂额、筋疲力尽。

经过不懈努力，多年之后，汤姆有了高额的薪水、稳固的职位，购买了豪华住宅和名贵跑车。他成了他理想中的成功人士，有能力做任何自己想做的事情。可是，这时候他却发现，他什么都不愿意做了，似乎一切都毫无意义。到海滩度假是他一直以来的梦想，可是他在海滩上没有享受到阳光，却感到寂寞和厌倦。由于无法在盲目的追求中找到幸福，他干脆把注意力集中在了眼下的享乐，用酗酒、吸毒来麻醉自己。几十年过去了，汤姆大叔始终没有找到真正的快乐，他已经忘了该怎样享受生活。

汤姆大叔的一生都在忙碌奔波，为了成绩、为了工作、为了薪水、为了职位，他不断地压迫自己，不断地用快乐换取成功。但是，他不快乐，他从来都没有为自己而活，从来都没有体悟到人生的真正意义。因此，当他的人生不再有目标时，他只能向人生投降，盲目地追求享乐。

漫漫人生长路，每个人都要为自己的生存买单。为了获取这些生活凭证，我们必须付出劳动，我们必须在有能力工作时去赚取明天的面包钱。但是，对待工作的态度不同，人生就会不同。只把工作当成任务和赚钱手段，势必活得非常辛苦。每天上班都是件非常痛苦的事情，他们只是为了实现作为一个人的价值去上班，只是为了得到一日三餐的费用，不得不逼自己去上班。这样的人总特别期望假期的到来，会感觉每天都在辛苦忙碌。还有一类人把工作当成事业。这类人功利心太强，关心事业的发展，关注每一个升职机会，权利和声望时刻在他们脑海中穿梭，如何从副教授变成终身教授、从教师变成校长、从职员变成主管、从编辑变成总编辑都会吸引他们大部分注意力。于是，他们没有精力休闲，不敢花费时间娱乐，每天像一个紧绷的弹簧痛苦不安。

然而，一个会生活、懂生活的人，不会每天忙碌，却能获得幸福快乐。寻找真正能让自己快乐而有意义的目标，选择这个目标需要经过几个步骤：首先，确定自己能做的事；其次，择选那些你想做的；然后再细化，找出你真正想做的。把这个能做、真正想做的事情当作人生的一部分。如此，你便是为自己而活，活给自己看，你便不会每天期盼假期，便不会抱怨工作的辛苦。这就是幸福的关键。

2. 真正的忙，不是身忙而是心忙

真正的忙，不是身忙而是心忙。身忙是生理现象，补充能量就能重新生机勃勃；而心忙则会阻挡我们追求幸福的脚步。人活一世，奔波劳累在所难免。当你的心灵忙碌不安的时候，你可能是拥有过多的欲望，或者迷失了人生的方向。学会心灵调试，克服名利的诱惑，淡看人生荣辱，保持心海宁静，方能摆脱“心忙”，获得安闲自在的人生。

每天要工作12个小时，每天要穿梭于大街小巷，如此忙碌会使人汗流浃背、筋疲力尽。这只是表面意义上的身忙，如果没有过多的功利之心，一瓶啤酒，一份可口的饭菜、一晚舒适的睡眠就能使他们精神焕发地迎接新的一天。倘若为功名利益束缚，被荣辱得失干扰，心灵得不到片刻清闲，这就是心忙。心忙之人患得患失，心忙之人拿不起放不下，心忙之人容易走极端，心忙之人的人生总是繁忙。

“扰扰驰名者，谁能一日闲？”心忙已经成为影响现代人生活质量的重要原因。要想摆脱心忙，我们必须提倡休闲。亚里士多德就说过：“休闲可以使我们获得更多的幸福感，可以保持内心的安宁。”休闲是人的一种思想和精神状态，是一种心灵归属活动。在愉悦的气氛中，人可以消除身体疲劳，回归自然状态，并获得精神上的舒畅和心灵的宁静。

王老师是某大学的教授，今年 65 岁，算是从工作岗位上功成身退。参加完退休欢送会后，他对同事说：“从今以后，我就是闲云野鹤的田叟翁了。再也不用担心学生的学习，再也不用备课到深夜，再也不用没日没夜地批改考卷。”

同事们问他今后的打算，他说：“参加些老年社团活动，修身养性，接送孙子上下学关心下一代，就这么简单。”

王老师神采奕奕地走出教室，对他的退休生活无限憧憬。可是，渐渐地，他就产生了疑惑，自己明明什么都没做，为什么还是感觉很疲倦呢？

一天中午，他送完小孙子上学，在校园门口碰到了一起退休的老同事。两人就相约到公园区聊聊天。王老师把他的疑惑告诉友人。

友人问：“你现在每天都在做些什么，想些什么？”

王老师说：“我们都已经退休了，已经没有什么事情可操心的了。我就每天早上起来到公园练练太极，我是老年太极队的副队长，不能缺席的。傍晚的时候，去书法社练练字，你知道我那手臭字实在不能看的。晚上等孩子们下班了，我就问问他们工作的事情，儿子从小就是个冲动脾气，都三十好几的人了，还是没有改掉。对了，还有咱的小孙子，我每天都去接送他上下学，天伦之乐啊。”

友人听后，笑笑说：“你是不是感觉还有很多剩余的时间，还要去参加老年舞蹈队、老年歌唱团？”

王老师说：“对啊，这些都是颐神养性的，不是什么繁重的任务。”

友人说：“可是你的心很忙啊。你要担心老年太极队的事情，要担心自己字写得太差，要担心儿子脾气不好，还要关心小孙子的成长。等你加入老年舞蹈队、老年歌唱团，你估计又要考虑怎样才能当上领队吧？”

王老师说：“我只是担心一下，关心一下，为什么会每天都很疲惫呢？”

友人说：“其实，人生真正的忙，不是身忙而是心忙。你心里装了太多的事情，就得不到安宁。你认为你退休了，就可以过自由自在的日子。其实，如果心闲不下来，永远都在忙。”

王老师有所领悟：“那我该怎么做才是真正闲下来了？”

友人说：“这很简单，喝茶、看书、侍弄花草。儿孙自有儿孙福，不用你去操心太多。参加社团既然是为了娱乐身心，那就不用非要有个成就。”

王老师听了友人的话大受启发。之后，他放开了所有的牵绊，和儿孙在一起就享受天伦之乐，参加老年兴趣社就修身养性。他这才体会到了退休后真正的快乐。

王老师退休后，身体从忙碌的教学工作中退了出来，心灵却依旧被操劳、牵挂占据，所以他不能体会到退休生活的闲适。在友人的开导下，他把心灵腾空，消除了那些不必要的忧虑，让心真正地闲下来，体会到了人生的乐趣。

与身忙和心忙相同，休闲也分为心闲和身闲两种。身闲，指的是在劳动时间之外得到身体的放松和人体机能的恢复；心闲，指的是休闲活动带来心情的舒畅和心灵的宁静。休闲的最高境界是心闲，只有不为物役、不为名累、不为情牵的人，心才能真正闲下来。

人生难得是心闲，心闲之人能“行到水穷处，坐看云起时”，心闲之人能“从今若许闲乘月，不时拄杖夜叩门”，人到心闲方能感受到“人闲桂花落，夜静春山空”的静谧，人到心闲方能享受人生的无限乐趣，体悟人生的万般美好。心闲是心情的舒畅，更是心灵的宁静，是视名利为浮云的淡定和超然。心闲之人有达观而超然的人生态度，凡事都拿得起放得下，心态平和，心境空明。

心闲之人会放弃不属于自己的名利，删节人际关系中过多的“礼节”、过虚的形式；“省略”每天正在经历的可做可不做的细节，让生活简单化，让衣食住行也都简约些。如此，方能守住自己，方能消除满心疲惫，不被压力挤垮，不使人生扭曲。

3. 不争，自然从容

水不争，但天下无物能与之争。水总是流向低处，善利万物，不与万物相争。往复循环间，水已经将万事万物包容在胸中，而万事万物都无法离开水的滋润。水，以其柔弱为用，以柔克刚，以退为进，以其不争而胜。因此，“不争”才是最好的“争”，最有效的“争”，最不具伤害性的“争”，更是最高明智慧、高层次、高水平的“争”。

随着科技的进步、社会的发展，竞争已经成了一个普遍存在的话题。就小处而言，为了一日三餐，实现生存最低层次的需求，从大处而言，为了充分体现自身价值，获得成功的机会，我们都需要去竞争，去和别人一比高下。浮躁的气息渐渐充满了整个社会，各种不正当竞争随处可见。人们被功名利禄冲昏了头脑，争得鱼死网破、争得头破血流。然而，是非功名都如梦幻泡影，纵然你在人我是非中取胜，你除了对别人造成伤害之外，对自己没有一点益处。所以，争，无用。不争，方能从容。

不争并不是指一味退让，碌碌无为，面对竞争毫无胆色，拱手把机会让给别人，而是指要以柔和广阔的胸怀去包容接纳，为人处事也要学会忍耐。不争，并不是碌碌无为，而是要高调做事，低调做人。对于工作，要精彩地完成任务，不骄不躁；对于处世，要不与他人针锋相对，谦虚内敛。

不争并不意味着遁隐避世，而是看破世间的人我是非，放下世间的功名富贵、名闻利养以及恩爱情仇。心中了无牵挂，即便你在车水马龙的闹市中生活，也不会受到尘世喧嚣的干扰，与生活在没有人烟的深山一样。

小丹和小优是大学室友。两个人学习成绩都很好，都在学生会担任重要职务，人长得也不错，人缘也很好，老师和同学都非常喜欢她们两个。总之，两个人在各个方面都是平分秋色。

一次，学校社团要拍微电影，在全校内海选女演员，对表演都很有热情的小丹和小优都报了名。小丹看到公示名单后中非常高兴。两个人可以一起行动，平时排练起来也很方便。小优看到公示名单后却十分焦虑。凭她的长相、演技以及人际关系，拿下女主角是非常容易的事情，但是如果小丹也参与海选，她的胜算就大大降低。

为了能够获得出演微电影女主角的机会，小优每天都忙得团团转。通过各种关系找到了微电影的编剧和导演，向他们推荐自己。编剧和导演一有什么事情，她都会匆匆赶去帮忙。有空闲时间，她都会到练功房练习仪态发声。通过努力，小优顺利地进入到总决赛，同样小丹也进入到了总决赛。在学校论坛上，小优和小丹的人气旗鼓相当，可是渐渐地，小丹超过了小优。小优感到压力非常大，她开始千方百计地给小丹找麻烦。

不久后，论坛上爆出一张帖子说：小丹在宿舍生活十分邋遢，衣服堆成小山都不愿意去洗，袜子扔得到处都是，从来不打扫宿舍卫生，衣服和零食堆在一起，床上甚至出现了蟑螂。

这个帖子一出，小丹的人气直线下降。小丹清楚小优的为人，自然知道是谁发的这张帖子。她决定不跟小优计较，毕竟能四年住在一个宿舍的缘分来之不易。

决赛那天，小丹早早地来到了化妆间，她要为自己画一个精致的妆容，不管成功与否，自己要对得起做过的事情。比赛马上就要开始了，小丹正在温习台词。这时，工作人员匆匆找到了小丹，说："小丹同学，小优同学一直没有签到，她是不是忘了比赛时间？"

自从参加微电影海选，小优就疏远了小丹，小丹也不知道她在哪里："应该不会的，她那么想要出演女主角。"

这时，又有工作人员说："她电话一直打不通，会不会出什么事情了？"

小丹这时才想起早上的时候小优说胃不太舒服，她没来得及多想，穿着礼服就往宿舍跑。回到宿舍一看，小优果然在床上躺着，小丹赶紧扶她去医务室。路上小优羞愧不已："我的胃病是这些天张罗女主角的事情请人聚餐时，喝酒喝出来的。我那样黑你，你怎么就不生气，还放弃比赛来陪我看医生？"

小丹笑笑说："什么女主角不女主角的都是浮名罢了，姐妹的情谊才是实实在在的。"

故事中的小丹因为没有功利之心，活得自在洒脱；而小优被名利心牵绊，争来争去却是一场空。人活在世上，常常被荣辱得失这些虚无缥缈的东西包围。

其实，世事如梦，荣辱也好，恩怨也罢，最终都会像流水一样，匆匆流过，了无痕迹。如果能以淡然的心境来对待纷繁复杂的世事，不急功近利，不爱慕虚荣，可以成为一个完全自由的人，过上一种闲云野鹤般洒脱自然的生活。有所放下，才有所得。放下小争，放下偏执，放下琐事的烦心，才能得到内心的强大。一个人真正的强大是内心的强大，这种强大可以让平静的心灵不受生活中的任何事情的影响。

4. 不计较，所以常快乐

当我们紧握双手，里面什么也没有；当我们打开双手，世界就在我们手中。我们老想把什么东西都死死抱住，殊不知，有些东西原本就不属于你，与其苦苦强求，不如潇洒挥手。不计较，该是你的，还是你的；不是你的，计较来了，也会失去。生活中，少一些枕戈待旦的计较，方能得之淡然、失之泰然，方能梦也安然、心也悠然。

世上之人总有富贵贫贱之分，功名利禄心强的人，往往奴颜婢膝、溜须拍马、颠倒黑白、损公肥私，以寻求舒适安逸的人生；品行端正清高的人，则时时感叹怀才不遇、世风日下，拿社会的不对惩罚自己，等同于自讨苦吃；智慧的人，能够始终保持自身高尚的操守，在心灵上远离污秽和是是非非，能够始终保持宽广的心胸，不去做过多计较，不为烦恼耿耿于怀。对于世间烦恼，智者往往勇敢地面对它，积极地寻找解决它的方法，如果解决不了，那就干脆忘掉它，腾出一片澄澈心海去欣赏生活的美好。

不去计较阳光雨露，大自然也会给你普照和滋润；不去计较地盘，大自然也会给你生存的领地。生在贫困中，就以倔强的姿态生存；生在苦难里，就以不屈的姿态生存；生在富贵里，就以昂扬的姿态生存。不计较，就没有锱铢必较的狭隘，胸怀就会豁达；不计较，就没有对手间的剑拔弩张，与别人之间的关系就会和谐；不计较，就会少一些疾风骤雨的紧张，多一些云淡风轻的悠然。

在一所大学附近的商业街上，有两家小型书店。一个是本地人开的，老师和同学们叫它“本地书店”，另外一个是北方人开的，老师和同学们叫它“北方书店”。两家书店规模相当，出售的图书类型也大致一样，但是，受欢迎程度却大相径庭。

北方书店与本地书店最大的不同是，店主总是摆出来几张凳子，准备上茶水，方便顾客看书。大家都喜欢到北方书店看书，因为这里有种家的感觉，顾客可以一手捧着书，一手端着清凉的茶慢慢品味，只看不买也是没有关系的。店主是位老年人，待人和蔼、热情，从不在这些小事上过多计较。每天迎来送往，乐呵呵地为大家服务。

本地书店没有专门为看书人准备的凳子和茶，长时间蹲在一边看书的人很少，要不买书，要不就走人。店主是一个爱斤斤计较的中年男人，他担心顾客偷书，就在书店装上摄像头；顾客把书本拿脏，就在书架上贴了许多字条。来到书店的人最常听到的一句话是："我这书是要卖的，不是给别人看的，你要买就买，不要就别待在这。"

顾客来到北方书店享受到的是安逸和快乐，他们自然也会向老板报以善意，因此北方书店的老板虽说是外地人，却交了许多本地朋友。每天都会有很多人和他问好聊天，时不时还会收到朋友送来的礼物，家里出了事情总会有很多人热心帮忙。所以，北方书店的老板每天都过得非常开心。而本地书店的老板总是一副凶巴巴的样子，顾客来到书店感到的是不安和紧张，没有人愿意多在这里待上一秒钟，更不用说和老板交朋友了。所以，顾客几乎不能在本地书店老板的脸上看到笑容。

有人问北方书店的老板："大家在你的书店里看书，只看不买，有时候会把你的书给弄破弄脏，你为什么都不计较，还是一如既往地给大家提供桌椅茶水？"

北方老板说："这些都是小事情，何必要计较那么多。忽略这些事情，我每天都能交到新的朋友，都能看到许多人的笑脸，不是过得很开心吗?”

几年后，本地书店早已没有了踪影，店主也早已改名易主，换成了一家零售店。而北方书店不但没有消失，反而愈办愈红火，规模一天比一天大，成了本地最大的一家书店。

北方书店老板不在小事上计较，懂得忍让和舍得，所以能够开开心心地生活，并且把书店越做越大；而本地书店的老板则斤斤计较，不仅让顾客心中不舒服，自己也得不到心灵的安适。

如果一个人太爱计较，就会对自己、对别人、对世事非常苛刻。对自己苛求太多，就会活得非常辛苦。功名利禄要计较，荣辱得失要计较，恩怨情仇要计较，甚至鸡毛蒜皮都要计较，那就没有多余的精力去欣赏路边的美景、天边的烟霞。总是与别人比较，就会过得不幸福。一个人不可能事事都占上风，总与人比较的人一旦有不如人的地方，就会拼命追赶，使生活总处于一种疯狂的攀爬状态。对世事要求太高，就会很苦恼。世间之事绝不会一帆风顺，爱计较之人，总会陷入世事不如意的苦恼中。

不计较之人才能拥有潇洒的人生。对自己不计较，学会放手，便能小舍小得、大舍大得。对别人不计较，守着自己的一片蓝天，就能怡然自得，从容不迫、对世事不计较，只要凡事往大处、远处着想，不在无谓的事情上比较、计较，自然会有水到渠成的一天。不计较之人，容易满足；不计较之人，生活才能洒脱；不计较之人，总能拥有快乐的心情。

5. 心晴的时候，雨天也是晴

心态的好坏与我们的人生密切联系，不同的人对同一事物有不同的心境，也决定了他们拥有不同的人生。当你以高兴的心态看待人生，人生回报你的也将是一片阳光灿烂。如果你以阴郁的心态去体味人生，它必然给你一个阴雨连连。时刻保持良好心态的人，能时刻发现生活的美好，即使在最苦难的时候也能找到希望。

一个人活在世上，在一定程度上活的是一种心境。当你信心满怀之时，别人看见的就是光芒万丈的你；当你沮丧失落之时，别人看见的就是不值得托付的你；当你昂扬向上之时，别人看见的就是值得信赖的你；当你忧伤孤独之时，别人看见的就是可怜兮兮、毫无魅力的你；当你满怀希望之时，别人看到的就是明亮灿烂的你。

在美国南部的沙漠地带住着这样一群普通的美国妇女。她们不是当地的土著印第安人或者墨西哥人，而是随丈夫出征的白人。她们从气候适宜的中部，随丈夫来到常年高温、环境恶劣的南部，每天要忍受 45 摄氏度以上的高温，住着不透风的铁皮房，又无法与周围的印第安人和墨西哥人交谈，日子过得烦闷压抑。好在她们有丈夫和儿女陪在身边，爱情和亲情还能使她们的心灵得到一丝慰藉。塞尔玛女士就没有这么幸运。她刚与丈夫结婚就来到了长满丑陋的仙人掌的沙漠地带。不久，她的丈夫又奉命远征，只剩下她孤身一人，生活在条件如此艰苦又完全陌生的地方。

巨大的孤独和恐惧使她每天愁眉不展，万般无奈中她想起了家中的父母。她写信给父母希望能够回家。回信在漫长的等待中终于到了。她满心希望地拆开信封后，却深受打击。那封信里只是一张薄薄的信纸，父母既没有安慰她，也没有任何叫她赶快回去的意思，只是写了短短的几行字："两个人从监狱的窗户往外看，一个看到的是地上的泥土，另一个看到的却是天上的星星。"

她刚开始非常失望，甚至认为父母都抛弃了自己，真是生无可恋。后来她终于从父母来信的几行字里发现了自己的问题所在：她过去习惯性地低头看，结果只看到了泥土。但自己为什么不抬头看？抬头看，就能看到天上的星星。而我们生活中一定不只是逆境和痛苦，一定会有顺境和幸福。只是大多数人都活在自己的一片阴雨天中，不给星星点缀天空的机会。塞尔玛女士决定抬头欣赏星星，驱赶心中的阴霾。

塞尔玛女士开始主动和印第安人、墨西哥人沟通交谈。这些土著居民本来就十分热情好客，只是外来人不愿意与她们交谈，才使他们显得有些冷漠孤僻。她不再是孤身一人，身边总是有朋友陪伴。她总是被邀请去参加印第安人或墨西哥人各种各样的聚会，还时不时地收到一些珍贵的陶器和纺织品。闲暇时间，她开始在土著居民的帮助下研究沙漠中的仙人掌。她惊喜地发现原本丑陋的仙人掌竟然变得如此千姿百态。塞尔玛女士找到了她的星星，她不再孤单寂寞。她有热情好客的朋友陪伴，有社交活动可以参加，有大漠风光可以欣赏。她每天都过得很开心，每天都置身在欢笑之中。后来她回到美国后，写了一本《快乐的城堡》，在其中记述了她这一段真实的内心历程，引起了当时极大的轰动。

塞尔玛女士生活的客观条件并没有改变，仍然是沙漠和高温，仍然没有亲人在身边，但是她的心情却从阴霾转向了艳阳天，因为她的心态发生了变化。最初，她只看到了生活的阴暗面，用一双流泪的眼睛看世界，世界在泪眼模糊中惨不忍睹；后来，她以一双发现美的眼睛看世界，世界到处都是美好。

幸福的人并不是因为他们拥有更多的智慧和财富，而是他们拥有良好心态。他们相信幸福的存在，心中充满快乐的阳光，能从世间的一切得到欢乐。春天有百花争艳，使人赏心悦目；夏天有习习的凉风，给人带来凉爽；秋天有皎洁的月光，令人心旷神怡；冬天白雪皑皑，给人以冰雪高洁的遐思。世间处处是美景，人生充满美好与希望。

如果你渴望健康和美丽，如果你珍惜生命每一寸光阴，如果你愿意为这世界增添欢乐，如果你即使倒下也面向太阳，那么，请锻造心态。好心态就像温煦的阳光，让你的内心充满温暖；好心态就像一剂魔药，让你心中时刻充满欢乐；好心态就像一把万能钥匙，让你开启任何艰难的关卡。

心态决定人生，也决定了人的生活方式，有好心态就有好心情，拥有好心情就会用心做好身边的每一件事。

要拥有良好心态的秘诀就是以乐观的态度面对人生，相信幸福、相信希望、相信美好。谁都曾迷茫过，谁都曾痛苦过，谁都曾陷入黑暗的深渊无力攀爬，但是只要相信心中一片阳光明媚，现实中的暴风雨又算得了什么？用积极明媚的心情生活是一天，用阴郁低沉的心情生活也是一天。同样是一天，为什么不快乐点呢？当你选择快乐地面对人生，你就会发现，人生回应你的也全是快乐。

6. 生活不要安排得太满，人生不要设计得太挤

生活不要安排得太满，人生不要设计得太挤。不管做什么，都要给自己留点空间，好让自己可以从容转身，多给自己留一点时间，好让自己可以思考。当然，也要留一点好处让别人占，留一点道路让别人走。与人方便，自己方便。别人有路可走，你才不会陷入绝境。给人生留点余地，不冒进，不颓废，不紧张，不松懈，得失之间淡定从容。

一生的时光，不管客观条件好与坏，路要靠自己走。大多数人的生活道路都是风风雨雨一路走来，在这不如意事常有的生活中，怎样才能多一点快乐事，少一些痛苦事呢？那就需要适度把握人生。长时间紧绷的弹簧很难恢复，

长时间处在过度压力下的人也很难回到最初真实的自己。这个世界不是哪一个人的世界，而是所有人的世界，所以凡事都要留有余地。“利不可赚尽，福不可享尽，势不可用尽。”

无论做什么事，都要把握一个度，都需要给对方同时给自己留点余地。不管什么人，在了解生命的意义后，都应该这么做，因为这里面有对自己一时莽撞的弥补，有对一时糊涂的反思，有对客观情况发生变化的回旋，其实留余地就是为自己准备一条合情合理的退路。痛苦也好，无奈也罢，最重要的是自己还能留有补救的机会。就人生而言，如果不能够量力而行，不能够控制欲望、权衡利弊，把生活塞得太满，就没有多余的精力去总结经验教训，去欣赏世界的美好。

刘海涛是一个电器公司的部门经理，今年三十出头，老婆上得厅堂下得厨房，女儿乖巧懂事。在别人看来他应该非常幸福，但是最近他一直被离婚困扰着。

刘海涛的学历不算太高，能力也不出众，到了公司之后他一直非常努力地工作。刚进公司，他几乎每天都在岗位上工作，很少有时间陪女朋友。女朋友通情达理，知道刚毕业的年轻人要想出人头地就得辛苦，尽量不去打扰他。刘海涛那时候一心想的都是怎样才能让老板给自己加薪，怎样才能获得老板赏识而得到提升。他几乎不给自己放假，即使有假期他也忙碌在公司事务中。

女朋友非常爱他，即使一直受到忽略还是选择嫁给了他。结婚第二天他就坐上了飞往美国的航班，因为他有项业务要谈判。如果拿下这个项目，他就有可能被提升为部门经理。新婚妻子流着泪送他上飞机，依旧毫无怨言。

刘海涛终于如愿以偿地成了部门经理。这时候他的日程表排得更满了，连每天吃饭的时间他都要为自己准备一些资料边吃边看。他关心的事情也越来越多了，他要谨防同事挤掉他，要和其他部门经理争荣誉，要千方百计讨好老板以求得提升的机会。结婚两年，他在家吃晚饭的次数寥寥可数，妻子每天都是做好两个人的晚饭，然后倒掉一半。两年后，他的女儿出生了。在外地出差的刘海涛在女儿出生 10 天的时候才见到了女儿，只匆匆一面他又要投入到工作中，因为当时他们部门招聘了一位很有实力的同事。这位同事是奔着部门经理的职位来的，刘海涛不敢有半点松懈。

刘海涛的生活太忙碌，工作占据了他整个身心，他根本没有精力和时间去陪妻子和女儿。起初妻子全力支持他的工作，她总认为丈夫如此忙碌全是为了这个家。可是，渐渐地，她明白过来，一个家有丈夫、有妻子、有孩子才算完整，而她每天一个人带孩子，一个人打理家庭琐事，根本体会不到家的温暖。

转眼间女儿已经上了幼儿园，刘海涛从来没有时间接送孩子，也没有时间去开家长会。有一天，女儿放学哭着回来，妈妈问她怎么了。她说同学都说她是没有爸爸的孩子。

妈妈安慰他说爸爸工作太忙。女儿给刘海涛拨通了电话说爸爸你是不是不要我了，为什么总是不回家。

刘海涛听着女儿的抽泣，心情非常沉重，决定晚上早点下班回家。可是，公司临时要开会，他正在申请升职不能缺席就没有按时回家。第二天，痛彻心扉的妻子向他提出了离婚。妻子说："既然你的心已经被工作占满，我和女儿就不再挤破头皮地往你心里钻了。我们放过你，希望你也放过我们。"

刘海涛有太重的功利心，满足欲望成为他人生唯一的主题。他太贪婪、太较真，没有给自己留任何余地。等妻子受不了忽视提出离婚时，他连挽救的后路都没有。他把自己逼到了"老虎背上"，根本没有从工作中抽身出来的可能性。

我们总是在不停地追求完美，而这个完美却永无止境。物极必反，我们终会陷进"完美"的泥淖中无法自拔，花尽所有的力气，也找不到来时的路，寻不着即将行走的方向。凡事不必企求太完美，也许七分要比十分来得美；凡事不要太较真，退一步我们可以看见更大的天空；凡事留些余地，也许我们就有更大的转身空间。放弃那些该放弃的，珍惜那些该珍惜的，适当放慢你执着的步履，不要让人生太满。太满的人生充满了强烈的欲望，适当地留给心灵一个宁静的空白，给大脑一个发呆的机会去陶醉某种看似无聊的追求，让身心享受一下放纵的节奏。

7. 把心腾空，就能接纳万物

我们每个人的心都是一座种满花木的花园，它需要时时耕翻修剪。这座花园不可能永远保持欣欣向荣，有时也会杂草丛生，它们会占尽花木所需要的阳光雨露。在必要的时候我们必须采取适当的方法剪掉心中的杂草，寻得和谐美好的内心境界，获得更加广阔的心灵空间。否则，这座花园就会成为人生困顿的围城。

我们总是生活在各种压力的包围下，为了消除压力，我们会为自己设定条条框框，营建庞大的计划，每走一步都不能超出这些框架，都要符合既定计划。生活变得机械麻木，稍有逾越便产生强烈的罪恶感。对时间流逝的畏惧随之盈满心胸，害怕时间从指缝中匆匆流走，计划中的事情我们一件都没有做到。我们也总是会有各种欲望，为了得到名利、财富、地位等，我们让斤斤计较、争名夺利、患得患失等心灵的杂草肆意生长。心灵的花园被杂草占据，莲花怎能生长，怎能获得安宁祥和？

何苦将如此沉重的负担压在心头，使得原本轻如薄衣的时光，变得铅般沉重，以至于我们恍如戴着镣铐寸步不前。何苦将如此繁复的杂念盈满心胸，使得原本静谧的生活变得忙碌不安，以至于我们心神疲惫，终无片刻时间观赏身边被忘却的玫瑰。全然放下，全然信任这个世界。不要为了一件已然过去的事情，不要为了一个遥不可及的事物，抛却了自己本身，抛却了内心的欢愉。把心腾空出来，接纳每一束骄傲的玫瑰、每一缕秋日的阳光、每一个笑着的天使，接纳整个世界。

河山山道上住着一位阿婆。阿婆今年已是古稀之年，每天笑呵呵地为旅客端茶倒水。阿婆性格开朗，旅客都愿意与她攀谈几句。阿婆很愿意为大家讲述她年轻时候的故事。

阿婆原来住在山下，是最后一批被卖掉的童养媳。丈夫是个善良老实的农民，对阿婆非常好。童养媳一般都是要挨打的，但是阿婆从来没有挨过打。丈夫对她言听计从，有好吃的好穿的都先想着她。丈夫让她，她也敬丈夫，小日子虽然清贫但很幸福。一年之后，他们的孩子出生了，是个白白胖胖的男孩。阿婆更是整天笑得合不拢嘴。可是，好景不长，丈夫再一次上山砍柴时，一不小心从树上掉了下来，顺着山道滚到半山腰，再也没有醒过来。阿婆哭得死去活来，可是为了襁褓中的儿子，她强忍悲痛挑起家中重担。

转眼间，儿子两岁了，已经会说会跑。阿婆也渐渐从丧夫的伤痛中走出。可是，儿子突然得病了，小孩子抵抗力差，才染病几天就消瘦得像把干柴。阿婆带着孩子四处求医，可是没有人知道是什么病，只是开些缓解的药物，让阿婆回家听天有命。在一个大雨倾盆的晚上，儿子停止了哭声，阿婆也流尽了眼泪。那天晚上，她抱上孩子小小的冰凉的尸体来到丈夫的坟前，一抔土一抔土地为儿子挖出了一个栖身之处。等埋葬完儿子之后，她来到了河山最陡峭的山崖，准备结束生命。

河山庵院里的师父们正好化缘回来路过此地，看到阿婆就把她拦了下来。阿婆哭闹着还要去寻死，主持师父把她锁在禅房，同她交谈。

“你认为天底下你最苦，殊不知比你辛苦的大有人在。你的丈夫和儿子都已成了过去，你还有很长的人生路要走。为什么不把这些痛苦都忘掉，去接纳世间的美好呢？”

“师父，我现在闭上眼睛都是我满身鲜血的丈夫和瘦骨嶙峋的孩子，我怎么能把他们忘掉？我怎么能快乐？”

“伤痛是欺软怕硬的东西，如果你一味向它屈服，它就会肆无忌惮地折磨你；如果你放下它、抛弃它，它就不会再回来。久而久之，福乐就会充满你的心灵。你可以试一下，今天晚上静坐在禅房，把过去的痛苦思虑一遍，然后把他们腾出心房。从明天开始微笑着对待每一个人，我保证你能活得很好。”

阿婆当然做不到师父的要求，但是听进了师父的劝告。每当感觉心烦意乱的时候，她都会把使她心烦的事情思虑一遍，然后告诉自己这些事情她已经放下。就这样阿婆坚强地生活了下来，日子过得依旧清贫，但是阿婆心中微笑着接纳生活的美好，活得自在快乐。

故事中的阿婆年轻时丧夫丧子，心灵被伤痛占据，险些走上了不归路。幸得修行的尼姑相救，劝导她学会放空心灵。阿婆时时整理烦恼忧愁，为幸福快乐腾出空间，日子过得安宁祥和。

只有腾空了心房，才可能享受这世界赋予你的每一刻时光。我们每个人都曾经经历过苦难折磨，这些伤痛一直在我们的心底，从来没有被治愈过。伤痛回忆像一个不断长大的肿瘤，使我们失去欢笑，损害我们的健康。把过去的痛苦记忆格式化，新的幸福感才能有进入心灵的机会。我们每个人都可能会被繁华的世事蒙蔽心智，为小事斤斤计较，为人我是非患得患失。如果任由这些俗世的杂念塞满心灵，我们就会永远活在琐碎中，永远无法自由洒脱。把心灵的杂念删除，世间的美好才能有进入心灵的空间。